SPAREN

Bild OHNE VERZICHT

SPAREN

Bild OHNE VERZICHT

FRANK OCHSE

Weniger Geld ausgeben
für Gas, Wasser, Strom,
Heizung, Lebensmittel
u.v.m

HEEL

IMPRESSUM
HEEL Verlag GmbH
Gut Pottscheidt
53639 Königswinter
Tel.: 02223 9230-0
Fax: 02223 9230-13
E-Mail: info@heel-verlag.de
www.heel-verlag.de

© 2022 HEEL Verlag GmbH

In Kooperation mit **Bild**
Autor(en): Frank Ochse „Der Sparfochs",
Redaktion BILD, Julia Smith, Johannes Rougnon
Satz und Gestaltung: Axel Mertens, Königswinter
Lektorat: Julia Smith, Helge Wittkopp

Foto Cover und Seite 7: Frank Ochse, © Peter Müller
Fotos: © Adobe Stock: Seite 9 (Nataliya), Seite 11 (Duangdao), Seite 12 (SERKAN), Seite 13 (Daniel Beckemeier), Seite 14 (sweasy), Seite 15 (OFC Pictures), Seite 17 (Cachaco), Seite 18 (eshana_blue), Seite 20 (bluedesign), Seite 21 (Zehra), Seite 23 (Racle Fotodesign), Seite 24 (Karin Jähne), Seite 26 (bohbeh), Seite 27 (Maryia, oben), Seite 27 (Abe Mossop, unten), Seite 29 (Oleksandr, oben), Seite 29 (Matthew Ashmore, unten), Seite 31 (Goffkein), Seite 32 (anjajuli), Seite 34 (bht2000), Seite 36 (iofoto), Seite 37 (Pixel-Shot, oben), Seite 37 (Oleksandr Lutsenko, unten), Seite 38 (Bernd Rehorst), Seite 39 (Julia Beatty), Seite 40 (Ekaterina Pokrovsky), Seite 42 (artfocus), Seite 43 (Freedomz), Seite 44 (hkama), Seite 45 (creativeneko), Seite 46 (Eakrin), Seite 47 (studio v-zwoelf, oben), Seite 47 (LIGHTFIELD STUDIOS, unten), Seite 48 (mojolo), Seite 49 (Andrey Popov), Seite 50 (benjaminnolte), Seite 51 (Kim Schneider), Seite 53 (Björn Wylezich), Seite 54 (pfluegler photo), Seite 55 (peopleimages.com), Seite 56 (Stockfotos-MG), Seite 58 (insta_photos), Seite 60 (stokkete), Seite 61 (8th, oben), Seite 61 (kasto, unten), Seite 63 (Marco2811), Seite 64 (AntonioDiaz), Seite 65 (Gabriel), Seite 66 (Nadezhda, oben), Seite 66 (myboys.me unten), Seite 68 (Antonioguillem), Seite 70 (Syda Productions), Seite 72 (Nomad_Soul), Seite 73 (photo 5000), Seite 74 (shintartanya), Seite 76 (Maridav, oben), Seite 76 (shintartanya, unten), Seite 79 (Deyan Georgiev), Seite 80 (highwaystarz), Seite 81 (Proxima Studio), Seite 82 (Nomad_Soul), Seite 83 (Igor Kardasov), Seite 84 (Konstantin Yuganov), Seite 85 (momius), Seite 86 (Andreas P), Seite 88 (ARochau), Seite 89 (Sergii Figurnyi), Seite 90 (Frank Lambert), Seite 91 (VRD), Seite 92 (Luftbildfotograf, unten), Seite 92 (xy, oben), Seite 94 (Wellnhofer Designs), Seite 95 (Tomsickova),
© Seite 30, BMWi

Redaktionsschluss: 30. September 2022

Printed in Czech Republic
ISBN 978-3-96664-561-4

INHALTSVERZEICHNIS

Liebe Leserinnen und Leser!

Danke, dass Sie das neue Sparfochs-Buch in den Händen halten. Sparfochs? Ich darf mich kurz vorstellen: Ich bin bei BILD der Experte fürs Sparen. In Sparfochs ist mein Nachname eingeflossen. Meine Mission: Geld und Ärger sparen. Ich bin Leser-Anwalt und Tippgeber. Und da gibt es jetzt noch mehr zu tun als 2020, als mein erstes Buch erschien.

Wenn Sie das Buch lesen, werden Sie schnell merken: Sparen macht Spaß! Ich mache es immer: zu Hause, im Urlaub. Geht es nicht doch noch günstiger, ohne Abstriche bei der Qualität zu machen? Ein Beispiel: Ich kaufe am liebsten Markenprodukte zum Eigenmarken-Preis beim Discounter. Denn: Es geht hier nicht um Verzicht! Verzicht wäre nicht mein Ding. Eine Anweisung zum Konsumverzicht, zum Duschen mit Kaltwasser oder zum Verkauf des eigenen Fahrzeugs werden Sie hier nicht finden. Mir geht es darum, das Leben so zu optimieren, dass wir uns möglichst NICHT einschränken müssen.

Die Corona-Pandemie, ein Krieg vor Europas Haustür und damit einhergehende steigende Energiepreise zwingen uns, umzudenken und bisher gepflegte Gewohnheiten zu überprüfen. Und das aus rein egoistischen Gründen: Damit Sie mehr Geld in der Tasche haben und besser für schlechte Zeiten vorsorgen können. Gleichzeitig helfen Sie damit in vielen Fällen auch der Gesellschaft und der Umwelt.

Gerade heute gibt es genügend gute Gründe zu sparen. Auch wenn wir zurzeit davon ausgehen können, dass wir nicht vor leeren Regalen stehen und gar hungern werden – die Zeiten von üppig gefüllten Geschäften, die jederzeit alles in großer Auswahl anbieten können, sind vorbei. Zu Beginn der Pandemiezeit gab es plötzlich kein Klopapier mehr, diverse Lebensmittel wie Speiseöl oder Mehl sind zeitweise knapp – unnötige Hamsterkäufe besorgter Bürgerinnen und Bürger verschärfen das Problem. Heute merken wir: Lieferzeiten bei Elektrogeräten verzögern sich und die Preise explodieren. Und nun treibt der Ukraine-Krieg die schwächelnde Wirtschaft noch zusätzlich an ihre Grenzen. Unser Wirtschaftsminister und andere Politiker weisen die Bürger darauf hin, dass es im Winter zu Verknappung von Energie kommen wird. Seit dem 1. September 2022 gelten umfangreiche Maßnahmen zum Energiesparen für den Einzelhandel und öffentliche Gebäude. Ganz nebenbei steigen für uns Bürgerinnen und Bürger die Kosten in allen Bereichen, die reale Inflation liegt bei ca. 10 Prozent. Im Supermarkt haben wir den Eindruck, dass die Preise deutlich mehr als 10 Prozent gestiegen sind. Ich habe es für BILD mal auswerten lassen: Bis zu 74 Prozent wurden einzelne Lebensmittel innerhalb eines Jahres teurer. Bei gleichbleibendem Einkommen können wir uns weniger leisten als zuvor.

Sparen hört sich nach Einschränkungen an, Sparen klingt unsexy – das ist immer noch die vorherrschende Meinung. Dass es auch anders geht, ohne das Gefühl zu haben, auf etwas zu verzichten, zeige ich regelmäßig in meiner Spar-Kolumne „Der Sparfochs", die ich seit 2016 für BILD schreibe, seit 2019 als Ressortleiter Sparfochs. Seit September 2021 gebe ich regelmäßig Spartipps bei BILD im TV.

Ebenso wie in meiner Kolumne möchte ich Ihnen, liebe Leserinnen und Leser, in diesem Buch einfache Anregungen geben, wie Sie Geld sparen können. Denn ich spare gerne. Warum soll ich freiwillig höhere Preise zahlen, obwohl Produkte preiswerter angeboten werden, warum sollte ich mir von Geschäftemachern das Geld aus der Tasche ziehen lassen? Dieses Buch ist eine Team-Leistung: Meine Kollegen, das Autoren-Team Julia Smith und Johannes Rougnon und ich haben für dieses Buch die wichtigsten Tipps und Tricks rund um das Thema Sparen zusammengestellt und zusätzlich hilfreiche Checklisten und Links sowie ein Haushaltsbuch angefügt, damit Sie angemessen auf die steigenden Kosten reagieren können, ohne Ihr Leben komplett umzukrempeln. Sicher werden Sie nicht alles umsetzen können, aber schon einzelne Kleinigkeiten wirken sich positiv auf Ihren Geldbeutel aus. Viele Tipps gab es schon zu Großmutters Zeiten und erklären sich selbst durch gesunden Menschenverstand. Aufgrund eingeschliffener Gewohnheiten werden sie aber nicht befolgt.

Mit diesem Buch verschaffe ich Ihnen einen Überblick über einfache Maßnahmen, die sofort und effizient Geld sparen. Je nach Wohnort und Haus- bzw. Wohnungseigenschaften treffen sie nicht auf jeden in gleichem Maße zu. Wer in einem winterlichen Gebiet wohnt, wird die Heizung vermutlich früher anstellen, Menschen in wärmeren Gebieten können später heizen. Wohnt man auf dem Land ohne vernünftigen ÖPNV, ist man auf das Auto angewiesen. Entscheiden Sie selbst, an welchen Schrauben Sie drehen können und suchen Sie sich die für Sie passendsten und einfachsten Dinge heraus. Und denken Sie daran: Auch mit kleinen Veränderungen können Sie langfristig viel Geld sparen!

Viel Spaß dabei!

Frank Ochse, Ihr Sparfochs

Sie wollen mir Feedback geben oder eigene Tipps loswerden? Schreiben Sie mir eine E-Mail an sparfochs@bild.de

SPAR-QUICKIES

Sie möchten sofort lossparen, bevor Sie das ganze Buch gelesen haben? Dann nutzen Sie einfach meine persönlichen Top-Ten-Spartipps, die unmittelbar Energie und Geld sparen und garantiert keinerlei Einschränkung bedeuten!

MEINE TOP TEN

1. VERTRÄGE CHECKEN

Viele Deutsche haben ihre Langfrist-Verträge (DSL, Versicherungen, Girokonten) nicht mehr im Blick. Dabei gibt's hohes Sparpotenzial. Also Verträge auf den Prüfstand stellen und immer wieder neu vergleichen. Der regelmäßige Wechsel spart Hunderte Euro im Jahr (und beispielsweise gibt es bei DSL-Neuverträgen oft tolle Boni).

2. ESSEN VORBEREITEN

Dieser Food-Trend bringt's: das sogenannte „Meal Prep" – das Vorkochen von Mahlzeiten, zum Beispiel für die Mittagspause bei der Arbeit. Auch das hilft: Warum zum Frühstück ein fertig belegtes Baguette kaufen, wenn es auch ein selbst belegtes Brot tut? Im Schnitt 3.927 EUR spart derjenige, der auf den täglichen Gang in die Bäckerei oder in die Kantine verzichtet und sich als Selbstversorger durch die 249 Arbeitstage im Jahr bringt.

3. ENERGIE SPAREN

Es gibt so viele einfache Tricks, die uns überhaupt nicht einschränken: Sparduschkopf nutzen, Wasser mit einem Wasserkocher statt auf dem Herd erhitzen und viele mehr. Das bringt im Jahr Hunderte Euro.

4. IMMER PREISE VERGLEICHEN

Vor dem Einkauf immer Sonderangebote checken. Klingt einfach, bringt aber nur etwas, wenn man es auch regelmäßig macht: Vor dem Wochenend-Einkauf Werbeprospekte der Supermärkte checken (gibt es auch in Apps, z. B. KaufDA, Mein Prospekt) und dann zu dem Händler gehen, der die meisten Lieblingsprodukte reduziert hat. Bei höherwertigen Dingen Preisvergleich-Webseiten oder Schnäppchen-Blogs wie MyDealz.de nutzen.

5. GEBRAUCHT KAUFEN

Es gibt so viele seriöse Händler, die z. B. Handys, Laptops, Kleidung oder Haushaltsgeräte im Zustand „Wie neu" oder „Sehr gut" verkaufen. Um die 20 Prozent Ersparnis sind immer drin. Und (leichte) Gebrauchsspuren kommen sowieso mit der eigenen Nutzung.

6. BONUSPROGRAMME NUTZEN

Wer bewusst zu Händlern mit Bonusprogrammen (z. B. Payback, DeutschlandCard) geht, bekommt bei Lebensmitteln rund 10 EUR/Monat zurück. Wichtig: Immer auf Aktionen achten und Coupons oder Apps nutzen.

7. REZENSIONSEXEMPLARE NUTZEN

Ist einen Tick aufwendiger, aber extrem effektiv. Von Internet-Blogs oder Herstellern gibt's Geld zurück, wenn ich bestimmte Produkte kaufe und bewerte – bis zu 100 Prozent.

8. NICHT AUF VERMEINTLICHE SUPER-ANGEBOTE REINFALLEN

Das Handy für einen Euro, ein Gratis-Tablet zum DSL-Vertrag. Entzaubern Sie Verkauf-Tricks. Niemand hat etwas zu verschenken! Woanders zahlen Sie vielleicht viel weniger im Monat oder Sie können mit dem Verkäufer handeln!

9. MIT PSYCHOTRICKS SCHLAU SHOPPEN

Ganz einfach: Nie hungrig oder frustriert einkaufen gehen.

10. DAS EIGENE MOBILITÄTS-VERHALTEN PRÜFEN

Klar, auf dem Land kann kaum jemand aufs Auto verzichten, aber vielleicht in der Stadt. Wie komme ich von A nach B: Mit Carsharing? Vielleicht mit dem Fahrrad? Mit BahnCard-Rabatt?

1. ZU HAUSE

Man hört und liest immer wieder, dass die privaten Haushalte in Deutschland Energieverschwender sind. Wir heizen zu viel, wir setzen zu viel Wasser ein, wir verbrauchen zu viel Strom – der kommt ja auch aus der Steckdose, einfach so. Nun, da die meisten Bürgerinnen und Bürger bereits das Infoschreiben ihres Stromanbieters über Beitragserhöhungen bekommen haben, merken wir sehr deutlich: Alles kostet und es wird unangenehm teurer. Grund genug, sich zu überlegen, ob und wie man Energie sparen kann, um die finanzielle Situation im Griff zu behalten. Familien mit geringerem Grundeinkommen müssen sich hier mehr Gedanken machen als der reiche Manager, dem die Mehrkosten im Zweifel egal sind. Der finanzielle Spielraum für große Veränderungen, die sich über Jahre auswirken, ist von Verbraucher zu Verbraucher also sehr unterschiedlich. Vielleicht können Sie nicht einfach die Fenster austauschen, eine neue Heizung einbauen und die Wohnung oder das Haus dämmen. Aber Sie können etwas tun, denn es gibt kleine Tricks, die Ihnen in der Summe viel Geld sparen!

TOP-TIPP Richtig temperieren! Für Wohn- und Kinderzimmer wird eine Raumtemperatur von 19–20 Grad empfohlen, fürs Schlafzimmer 16 Grad und für die Küche 18 Grad. Im Bad fühlt man sich bei 22 Grad wohl, im Flur und in selten genutzten Räumen sind dagegen 15 Grad ausreichend.

1.1 HEIZUNG / WÄRME

AUSSENTÜREN UND FENSTER SCHLIESSEN: Keine Einschränkung, große Wirkung – schließen Sie in beheizten Räumen Außentüren und Fenster jederzeit schnell, damit die Wärme nicht entweicht. Prüfen Sie selbst, wie oft Sie die Tür offen lassen, wenn Sie Einkäufe reintragen, den Briefkasten leeren und den Müll wegbringen. Oder wie oft Sie nach dem Duschen das Badezimmerfenster öffnen und dann vergessen, es wieder zu schließen.

ZIMMERTÜREN SCHLIESSEN:
Schließen Sie immer alle Zimmertüren und heizen Sie nur die Räume, die Sie verwenden. Erstens halten Sie so die Wärme im beheizten Raum und zweitens beugen Sie Bauschäden vor – denn wenn warme, feuchte Luft aus dem Wohnzimmer auf die kalte Luft im Flur trifft, kann sich Schimmel bilden. In Räumen, die selten benötigt werden, sollte deshalb eine Grundtemperatur von 15 Grad herrschen, um Schimmelbildung zu vermeiden.

NACHTABSENKUNG EINRICHTEN: Heizen Sie nachts nicht durch, insbesondere die Schlafzimmer sollten nicht zu warm sein. Bei modernen Heizungen besteht die Möglichkeit, zentral eine Nachtabsenkung (auf z. B. 16 Grad) einzustellen. Wenn Sie Eigentümer sind, können Sie selbstständig eine Nachtabsenkung einrichten bzw. von einem Handwerker einstellen lassen. Als Mieter können Sie Ihren Vermieter bitten, sich darum zu kümmern. Das Einsparpotenzial hängt von der Gebäudeausstattung ab. Bei einem gedämmten Haus ist die Nachtabsenkung nicht so effektiv wie bei einem Altbau – hier ist der Einspareffekt deutlich höher, bis zu 10 Prozent Heizkosten können gespart werden, obwohl am Morgen mehr Energie für das Aufheizen benötigt wird.

TAGSÜBER WENIGER HEIZEN: Eine „Nachtabsenkung" kann natürlich auch tagsüber eingerichtet werden, wenn man weiß, dass niemand zu Hause ist und die Räume nutzt.

ENTLÜFTEN: Gluckert es im Heizkörper? Dann müssen Sie Ihre Heizung entlüften, da sie sonst nicht richtig wärmt. Dies kann jeder selbst machen (einfache Heizungs-schlüssel gibt es im Baumarkt für knapp 1 EUR, aufwendigere mit Auffangbehälter kosten um die 7 EUR). Ältere Heizungen in Altbauten haben teilweise kein Entlüf-tungsventil. Besprechen Sie mit Ihrem Installateur, ob Ihre Heizung mit einem Entlüf-tungsventil nachgerüstet werden kann.

WASSER NACHFÜLLEN: Wasser wird in Ihrem Heizsystem erwärmt und durch die Rohre in die Heizkörper geleitet. Die Heizungsanlage funktioniert nur optimal, wenn ausreichend Wasser vorhanden ist. Ist zu wenig Wasser in den Heizkörpern, heizen sie nicht richtig und man stellt automatisch das Thermostat hoch.

REGELMÄSSIGE WARTUNG DER HEIZUNG: Je besser die Heizung funktioniert und eingestellt ist, desto weniger ver-braucht sie. Lassen Sie die Heizung regelmäßig warten, damit hier kein Geld durch den Schornstein gejagt wird. Das wäre an der falschen Stelle gespart.

FREISTEHENDE HEIZKÖRPER: Stellen Sie keine Schränke, Schreibtische, Re-gale oder Ähnliches vor die Heizung. Auch wenn der Tisch unter dem Fenster doch so schön aussieht ...

STOSSLÜFTEN: Lassen Sie im Winter die Fenster nicht permanent gekippt. So ver-schwindet die warme Luft nach draußen und die Wände kühlen aus. Auf diese Weise gehen 30 bis 40 Prozent Energie verloren! Stattdessen sollten Sie mehrmals am Tag stoßlüften: Bei zugedrehten Heizungsventilen werden die Fenster für 10 Minuten ge-öffnet und so für Durchzug und frische Luft gesorgt.

NEUE HEIZUNG: Angesichts der hohen Gaspreise denken viele Menschen darüber nach, ihre Heizung auszutauschen. Das ist aber nur sinnvoll, wenn sie wirklich alt ist und einen nachweislich zu hohen Verbrauch hat – dann raus damit. Bei einer eher neu-wertigen Heizung macht das erst mal keinen Sinn, denn der Gaspreis könnte sich in ein paar Jahren wieder normalisieren. Und andere Heizungsarten haben auch Nachteile: hoher Preis (z. B. Wärmepumpe), sehr lange Lieferzeiten und Handwerker-Mangel. Daher nichts überstürzen, lieber ggf. den alten Ofen wieder in Betrieb nehmen oder vorübergehend mit Strom heizen, falls für Sie Gas unbezahlbar wird. Den Heizungswechsel dann besser mittelfristig planen und sämtliche Fördermöglichkeiten ausschöpfen.

SOMMERBETRIEB: Wenn möglich sollten Sie die Heizung im Sommer auf „Sommerbetrieb" einstellen, so dass (bei zentraler Warmwasseraufbereitung) nur das Wasser erhitzt wird, die Heizung aber nicht anspringt, solange eine bestimmte Außentemperatur nicht unterschritten wird. Kaum zu glauben, dass Menschen im Sommer im Badezimmer die Heizung anlassen!

ROHRE ISOLIEREN: Wer in einem Altbau wohnt, kennt die freiliegenden Heizungsrohre. Hier geht die Wärme schon auf dem Weg zum Heizkörper verloren. Mit einem Einkauf im Baumarkt kann das Problem schnell behoben werden: Einfach die Heizungsrohre mit vorgefertigten Dämmvorrichtungen isolieren und schon sparen Sie. Das Isolieren der Heizungsrohre rentiert sich meistens schon innerhalb von zwei bis drei Jahren, da es preiswert und einfach umzusetzen ist.

ZUGLUFT: Ein weiteres Problem von Altbauten sind die Fenster. Oft sind sie undicht und es kommt permanent kühle Luft herein. Wenn kein Geld für die Erneuerung da ist oder der Vermieter kein Einsehen hat, versuchen Sie, die Fenster abzudichten. Im Baumarkt gibt es verschiedene Lösungen, die individuell helfen können.

ZUGLUFTSTOPPER FÜR TÜREN: Ebenso anfällig können die Türen sein. Gibt es eine Verbindung nach außen oder in den kalten Hausflur, lohnen sich Zugluftstopper, damit keine warme Luft entweicht.

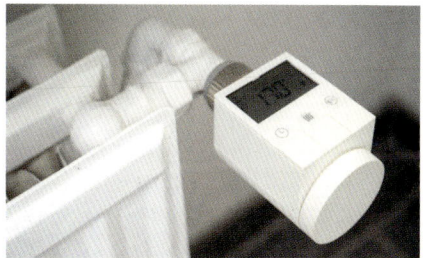

SMARTE HEIZKÖRPERTHERMOSTATE: Inzwischen ist viel von smarten Thermostaten die Rede, mit deren Hilfe man einstellen kann, zu welchen Zeiten welche Temperatur herrschen soll. Wenn Sie in einer Zwei- bis Dreizimmerwohnung auf einer Ebene leben, muss das nicht unbedingt sein. Bevor Sie das Haus verlassen, drehen Sie die Heizkörper einfach selbst etwas herunter. Das ist deutlich billiger, als etwas Neues zu kaufen, was Batterien verbraucht und zusätzlichen Müll erzeugt. Sollten Sie sich smarte Heizkörperthermostate anschaffen wollen, erkundigen Sie sich genau, wie die Geräte funktionieren (WLAN, Einzeleinstellung pro Thermostat, Zusatzfunktionen wie geöffnetes Fenster erkennen etc.). Sind die Smart-Thermostate aber richtig eingestellt und passen zu Ihrer Wohnsituation, können sie knapp 10 Prozent Heizenergiekosten einsparen. Ein Vorteil gegenüber der manuellen Variante ist, dass Sie die Räume bereits vorheizen lassen können, wenn Sie noch auf dem Weg nach Hause sind.

VORHÄNGE UND ROLLLÄDEN SCHLIESSEN: Wenn Sie Rollläden haben, sollten Sie diese im Winter nachts und wenn Sie nicht zu Hause sind immer komplett absenken. Die Fenster haben den höchsten Wärmeverlust im Haus, geschlossene Rollläden können 5–20 Prozent (je nach Fenstertyp) Heizenergie einsparen. Wichtig ist, dass die Rollläden komplett geschlossen sind, möglichst luftdicht, und kein Luftaustausch stattfinden kann. Das Luftpolster zwischen Fenster und Rollläden verhindern ein Auskühlen, da Luft ein schlechter Wärmeleiter ist. Achten Sie darauf, dass auch die Rollladenkästen gedämmt sind und hier nicht die Wärme verloren geht. Auch zugezogene Vorhänge helfen schon, mehr Wärme im Haus zu behalten.

NACHTRÄGLICH DÄMMEN: Planen Sie, ein Zimmer oder die ganze Wohnung zu renovieren? Erkundigen Sie sich nach Isoliertapete, einem Verbundstoff, der im Innenbereich (direkt auf der Wand, unter den Tapeten) Heizkosten einsparen kann. Laut Herstellerangaben verringert sich mit Isoliertapete die Aufheizzeit eines Raumes um bis zu 75 Prozent, so dass bis zu 22 Prozent Energieeinsparung möglich ist.

INFO Thermostat richtig einstellen: Ein handelsübliches Heizungsthermostat hat in der Regel 5 Stufen, zwischen den Stufen beträgt der Temperaturunterschied ca. 4 Grad. Stufe 1 beginnt mit 12 Grad, Stufe 2 entspricht 16 Grad, Stufe 3 bedeutet 20 Grad, Stufe 4 erreicht 24 Grad und bei Stufe 5 heizen Sie auf 28 Grad. Stufe 3 ist eigentlich die optimale Wohnzimmertemperatur, in kaum genutzten Räumen reicht Stufe 2. Man sollte die Räume aber nicht auskühlen lassen, da sonst Schimmel droht und viel Energie benötigt wird, um kalte Wände wieder zu erwärmen!

✓ CHECKLISTE HEIZUNG

GASHEIZUNG:

- ❏ Laufzeit Gasvertrag geprüft, falls nötig auf Vergleichsportalen nach Anschlusslieferanten suchen
- ❏ Heizung gewartet (Termine ab Oktober sind knapp), ansonsten Termin machen
- ❏ Nachtabsenkung eingerichtet (falls möglich bei der Wartung)
- ❏ Wasser nachgefüllt
- ❏ Entlüftet

ÖLHEIZUNG:

- ❏ Öl nachbestellt – Lieferanten verglichen / Preis bereits ausgehandelt
- ❏ Heizung gewartet
- ❏ Nachtabsenkung eingerichtet (falls möglich bei der Wartung)
- ❏ Wasser nachgefüllt
- ❏ Entlüftet

PELLETHEIZUNG:

- ❏ Pellets nachbestellt – Lieferanten verglichen / Preis bereits ausgehandelt
- ❏ Heizung gewartet
- ❏ Nachtabsenkung eingerichtet (falls möglich bei der Wartung)
- ❏ Wasser nachgefüllt
- ❏ Entlüftet

WÄRME:

- ❏ Fenster auf Dichtigkeit geprüft, Dichtungen gekauft und installiert
- ❏ Heizungen freigeräumt
- ❏ Fenster geschlossen, nur Stoßlüften
- ❏ Tagsüber Türen geschlossen
- ❏ Heizung richtig temperiert
- ❏ Evtl. smarte Thermostate besorgt

 **1.2 WASSER**

Wasser sparen macht Sinn, nicht nur, weil wir gerade im Sommer immer häufiger das Problem von längeren Trockenperioden haben und das Wasser in manchen Gegenden knapp wird. Auch unabhängig davon ist unser teures Trinkwasser zu schade, um es zu verschwenden. Die Haut ist von Person zu Person unterschiedlich und während es viele Menschen vertragen, jeden

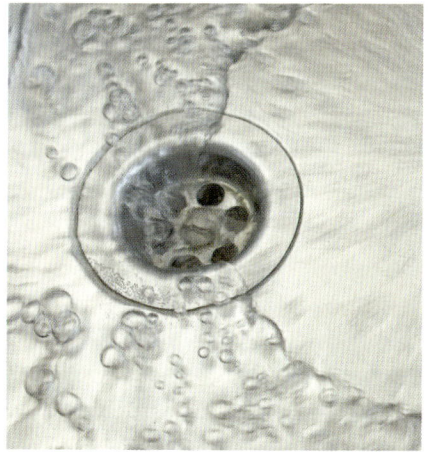

Tag zu duschen, müssen andere mit Hautproblemen rechnen. Schon in den Sechzigerjahren haben Forschungen gezeigt, dass es im Normalfall nicht notwendig ist, jeden Tag zu duschen und dass mehrmals pro Woche meist völlig ausreichend ist. Dennoch hängt die Häufigkeit nicht nur vom individuellen Wohlbefinden, sondern auch vom Wetter, Beruf und sonstigen Einflüssen ab. Schwitzt man viel oder ist die Haut starkem Schmutz ausgesetzt, sollte man häufiger duschen. In jedem Fall lässt sich auf diese Art und Weise Geld sparen. Geld, das man eventuell lieber in gute Ernährung oder den nächsten Urlaub investieren möchte. Die Möglichkeiten sind da, ohne große Einschrankungen Wasser einzusparen und damit Kosten zu senken. Indem wir unseren Warmwasserverbrauch reduzieren, sparen wir gleichzeitig Energiekosten.

TOP-TIPP Ein tropfender Wasserhahn verschwendet bis zu 5.000 Liter Trinkwasser im Jahr! Um das Problem zu lösen, reicht es meistens aus, abgenutzte Dichtungen auszutauschen oder Verkalkungen zu entfernen.

DUSCHEN

DUSCHWASSER AUFFANGEN: Kennen Sie das? Sie machen die Dusche an und zuerst kommt eiskaltes Wasser. In der Regel lässt man es laufen, bis endlich warmes Wasser fließt. Machen Sie es anders: Nutzen Sie das kalte Wasser z. B. für die Gießkanne, fangen Sie es auf, damit es nicht ungenutzt im Abfluss verschwindet.

DUSCHKOPF ERNEUERN ODER ENTKALKEN: Veraltete und schmutzige Duschköpfe spritzen das Wasser in alle möglichen Richtungen, nur nicht auf den Körper. So dauert es viel länger, bis der letzte Tropfen den kleinen Zeh gefunden hat. Ein gut funktionierender Duschkopf sorgt hier sofort für eine Verbesserung und die Duschzeit verkürzt sich.

SPARDUSCHKOPF KAUFEN: Mehr als 8 Liter Wasser pro Minute sollte ein guter Duschkopf nicht verbrauchen. Machen Sie den Test und füllen Sie mit Ihrer Brause eine Minute lang einen Eimer. Sind mehr als 8 Liter Wasser im Eimer, sollten Sie Ihren Duschkopf austauschen. Ein Sparduschkopf kostet zwischen 18 und 80 EUR, je nach Marke und Fabrikat.

INFO Ein Vollbad verbraucht ca. 120-200 Liter Wasser, eine Dusche (ca. 10-12 Minuten) nur 60-80 Liter. Stellt man während des Einseifens das Wasser ab, spart man nochmals ca. 30 Prozent Wasser. Selbstverständlich sollte auch während des Zähneputzens (ca. 3 Minuten) und des Einseifens beim Händewaschen (mindestens 20 Sekunden) der Hahn zugedreht werden, damit kein unnötiges Wasser durch den Abfluss rauscht. Und wer die Spül-Stopp-Taste am WC nutzt, kann pro Tag nochmals ca. 30 Prozent Wasser sparen!

WASSER WÄHREND DES EINSEIFENS ABSTELLEN: Eigentlich sollte man es nicht extra erwähnen müssen, aber das Naheliegendste wird gerne vergessen – während Sie den Körper einseifen oder die Haare shampoonieren, sollten Sie das Wasser abstellen. Pro Minute laufen durch einen herkömmlichen Duschkopf ca. 10–15 Liter Wasser. Wenn man sich 1–2 Minuten lang einseift und solange das Wasser abstellt, spart man etwa 15–30 Liter ein. Mit einem Sparduschkopf kann man nochmals ca. 50 Prozent einsparen, der Wasserverbrauch liegt hier bei ca. 6–7 Litern pro Minute. Die Duschzeit sollte insgesamt, inklusive der Zeit zum Einseifen, höchstens bei 7–10 Minuten liegen. Manche schaffen es sogar in deutlich kürzerer Zeit. In einigen Kompanien der Bundeswehr hat man gar nur 2 Minuten Zeit, und es klappt trotzdem.

SPARDUSCHKOPF UND DURCHLAUFERHITZER: Nutzt man einen Sparduschkopf und duscht etwas kürzer, kann man bereits Geld sparen. Senkt man die Temperatur am Durchlauferhitzer um ein Grad, können pro Jahr ca. 100 Kilowattstunden eingespart werden. Alles zusammengenommen (Sparduschkopf, kürzere Duschzeit und Temperatur minimal gesenkt) können Sie ca. 2.500 Kilowattstunden im Jahr einsparen. Beachten Sie aber, dass es bei hydraulischen Durchlauferhitzern zu Problemen mit der Wassererwärmung kommen kann, wenn ein Sparduschkopf verwendet wird, denn diese Durchlauferhitzer benötigen einen Durchfluss von mindestens 8 Litern pro Minute.

EINHANDMISCHER: In vielen Duschen gibt es noch getrennte Griffe für die Warm- und Kaltwasserzufuhr. Hier muss man zwischendurch immer wieder regulierend eingreifen und verschwendet so Energie. Sollten Sie sowieso an eine Erneuerung denken, greifen Sie zum Einhandmischer, hier ist die Schwankung deutlich geringer und das Duschvergnügen größer.

SPÜLEN

NICHT UNTER FLIESSENDEM WASSER ABSPÜLEN: Spülen Sie immer im gefüllten Spülbecken. Lassen Sie Wasser in Ihr Spülbecken ein und geben Sie während des Einlaufens das Spülmittel dazu. Sobald das Becken voll genug ist, stellen Sie den Wasserhahn ab.

SO BITTE NICHT!

NACHSPÜLEN: Stellen Sie eine Wanne mit Kaltwasser bereit, sofern Sie kein Doppelspülbecken haben. Lassen Sie nicht den Wasserhahn laufen, um das Geschirr klarzuspülen, so verbrauchen Sie zu viel Wasser.

DICHTER ABFLUSS: Achten Sie darauf, dass der Stöpsel richtig dicht ist und Sie nicht ständig Wasser nachlaufen lassen müssen, weil das Spülwasser ungewollt abfließt.

MIT WARMWASSER SPÜLEN: Es ist nicht zwingend nötig, mit heißem Wasser zu spülen. Spülmittel wirken auch mit lauwarmem Wasser. So sparen Sie Energie und Kosten für das Erhitzen des Wassers.

SPÜLWASSER SO LANGE WIE MÖGLICH NUTZEN: Auch wenn kein Schaum mehr zu sehen ist, können Sie weiterspülen. Am besten entfernen Sie grobe Speisereste vorab mit einem Papiertuch. Um das Spülwasser möglichst lang zu nutzen, spülen Sie dann zuerst Gläser und Tassen, danach Besteck und Teller. Erst zum Schluss kommen Pfannen und Töpfe ins Spülwasser.

SPÜLMASCHINE

SPARPROGRAMM: Moderne Maschinen haben Eco- bzw. Sparprogramme. Diese sind so eingestellt, dass der Strom- und Wasserverbrauch auf die Spülmenge optimiert wird. In manchen Fällen dauert der Spülvorgang länger, jedoch wird deutlich weniger warmes Wasser verbraucht. Wenn Sie regelmäßig das Ecoprogramm auswählen, sparen Sie im Jahr ca. 30 EUR Stromkosten.

MASCHINE OPTIMAL BEFÜLLEN: Stellen Sie keine halbleere Maschine an, die Wassermenge wird dadurch nicht reduziert.

KURZPROGRAMM: Wenn Sie nur wenig Zeit haben und gerade nicht selbst spülen können, nutzen Sie – sofern das zu spülende Besteck und Geschirr noch relativ frisch und nicht eingetrocknet ist – das Kurzprogramm.

PULVER STATT TABS: Das Pulver ist in der Regel deutlich preiswerter als die Tabs – pro Waschgang sparen Sie bis zu 20 Cent. Bei ca. 300 Spülgängen im Jahr spart man 60 €. Außerdem können Sie richtig dosieren und vermeiden die Plastikverpackung der einzelnen Tabs.

HANDSPÜLEN VS. SPÜLMASCHINE: Moderne Spülmaschinen benötigen in der Regel für eine komplette Füllung weniger Wasser, als wenn man diese Menge per

Hand spülen würde. Ein Spülbecken fasst ca. 9 Liter, das ist ungefähr die Menge Wasser, die auch eine Spülmaschine für einen Waschgang benötigt. Besonders effiziente Maschinen verbrauchen sogar etwas weniger. Beim Spülen mit der Hand füllen wir aber oft Wasser auf und nutzen so ca. 12–14 Liter Wasser.

WASCHMASCHINE

RICHTIG BEFÜLLEN: Jede Waschmaschine hat eine zugelassene Füllmenge, diese sollte man optimal ausnutzen. Eine nicht volle Waschmaschine verschwendet Wasser und Energie, ist die Maschine aber zu voll gestopft, wird die Wäsche nicht sauber.

SPARPROGRAMM: Nutzen Sie das Eco- bzw. Sparprogramm. Sie sparen pro Jahr etwa 20 EUR Stromkosten.

KLEIDUNG LÜFTEN: In vielen Fällen reicht es, die Kleidung zu lüften. Eine Jeans muss nicht nach einmaligem Tragen gewaschen werden, vor allem nicht mit zusätzlichem Weichspüler und „Wäscheparfüm" – alles unnötige Kosten (eine Wäsche kostet ca. 60 Cent, sodass man problemlos 20–30 EUR im Jahr sparen kann) und zusätzlich umweltbelastend.

KEINE VORWÄSCHE: Verzichten Sie auf die Vorwäsche, wenn es nicht wirklich zwingend nötig ist, und nutzen Sie die Sparprogramme. Die Wäsche wird trotzdem sauber und man benötigt weniger Wasser und Strom.

WÄSCHE BEI 30 GRAD WASCHEN: Heutige Waschmittel sind enorm effektiv und waschen die Wäsche in der Regel bereits bei 30 Grad sauber. Oft waschen wir zu heiß, was sowohl Farben und Gewebe der Kleidung als auch der Umwelt schadet. Mindestens einmal im Monat sollten Sie allerdings einen 60-Grad-Waschgang durchführen, um zu verhindern, dass sich Bakterien in der Maschine ansiedeln.

WC (TOILETTENSPÜLUNG)

SPÜLEN: Moderne WC-Armaturen haben Zwei-Mengen-Spültasten bzw. eine Spül-Stopp-Taste installiert, diese sollte man auch nutzen. Bei einer Spülung ohne Spül-Stopp-Taste rauschen ca. 9 Liter durch, während es mit der Taste nur ca. 4–5 Liter sind. Auch kann man sparen, wenn das Stück Klopapier zur Hautreinigung oder zum Nase-putzen nicht in der Toilette, sondern im Mülleimer landet.

KÜRZER SPÜLEN: Wenn Sie noch eine alte Spülarmatur haben, versuchen Sie, die Wassermenge durch einen kurzen Druck zu reduzieren.

GARTEN / BALKON

RASENSPRENGER: Verzichten Sie während längerer Hitzeperioden darauf, den Rasen zu sprengen, auch wenn der Garten dann nicht mehr aussieht wie ein Golfplatz. Gerade in Zeiten akuter Wasserknappheit, die wir seit einigen Jahren in verschiedenen Gebieten Deutschlands erleben müssen, sollte man Wasser nicht verschwenden.

MORGENS GIESSEN: Gießen Sie Pflanzen möglichst nachts oder am frühen Mor-gen, nicht abends, da der Boden dann zu heiß ist und das Wasser verdampft. Man „ver-liert" also Gießwasser.

REGENWASSER SAMMELN: Stellen Sie im Garten eine Regentonne auf und sammeln Sie das Wasser. Größere Ton-nen kosten zwischen 50 und 300 EUR. Perfekt wäre es, auch das Wasser der Regenrinne in der Tonne aufzufangen. Das Regenwasser ist kostenlos!

ZISTERNE: Wer die finanzielle Mög-lichkeit und einen entsprechenden Garten hat, kann auch in eine Zisterne zur Wasserspeicherung investieren. Die Kosten für die Zisterne bewegen sich zwischen 1.000 und 4.000 EUR, je nach Größe. Hinzu kommen die Kosten für die Installation. Bis sich das amortisiert, dauert es etwas. Komplettanlagen, bei denen das Wasser auch im Haushalt (WC und Waschmaschine) genutzt werden kann, sparen zwar etwas Geld, sind aber in der Regel sehr teuer.

PUTZEN / KÜCHE

REINIGUNGSMITTEL RICHTIG DOSIEREN: Verwenden Sie die richtige Wassermenge wie auf Ihrem Putzmittel angegeben. So vermeiden Sie unnötige Wasserverschwendung.

WENIGER NASS WISCHEN: Viele Wohnräume haben Parkett- bzw. Laminatböden. Hier kann man besonders sparsam mit Wasser sein. Statt täglich nass zu wischen, einfach übermäßige Verschmutzung verhindern, indem z. B. Schuhe ausgezogen werden.

KOCHWASSER WEITERVERWENDEN: Sie haben Nudeln oder Kartoffeln gekocht, ohne zu salzen? Lassen Sie das Wasser stehen und nutzen Sie es später für Ihre Blumen, statt es wegzugießen.

✔ CHECKLISTE WASSER

- ❑ Wasserhähne geprüft auf Dichtigkeit
- ❑ Duschköpfe gereinigt, entkalkt oder erneuert
- ❑ WC mit Spartaste ausgestattet
- ❑ Sparduschkopf gekauft und installiert
- ❑ Wanne für Abspülwasser besorgt
- ❑ Spülmaschinen-Programm auf Eco eingestellt
- ❑ Gießkanne in der Dusche

1.3 STROM

Machen Sie den Test: Gehen Sie einmal mit Block und Bleistift durch die Wohnung und notieren Sie alle Geräte, die an der Steckdose hängen. Das sind nicht wenige Stromverbraucher, oder? Verzichten wollen wir auf diese Dinge nicht, doch es gibt viele Möglichkeiten, Strom zu sparen. Viele Geräte laufen den ganzen Tag, ohne genutzt zu werden. In Deutschland wird Strom mehrheitlich noch aus konventionellen Energieträgern wie Kohle und Gas erzeugt. In einer Zeit, in der sich die Rahmenbedingungen zur Energiegewinnung rasant verändern, müssen Verbraucherinnen und Verbraucher sich auf steigende Stromkosten einstellen. Ich zeige Ihnen, wie Sie Ihre Stromkosten mit ein paar einfachen Tricks senken können!

TOP-TIPP Schaffen Sie sich Mehrfachsteckdosen mit Schalter an. So können Sie mehrere Geräte mit einem Knopfdruck ausschalten und es wird garantiert kein Strom verbraucht!

COMPUTER, LICHT UND CO.

SCHLUSS MIT STAND-BY: Viele Geräte haben gar keinen richtigen „Aus"-Knopf mehr. Computer, Drucker, DVD-Player, Fernseher, Musikanlage und viele Geräte mehr laufen Tag und Nacht im Stand-by-Modus und verbrauchen dabei unentwegt Strom! In einem deutschen Durchschnittshaushalt werden ca.

480–550 Kilowattstunden Strom im Jahr durch Geräte im Stand-by-Modus verbraucht. Bei einem Strompreis von ca. 40 Cent pro Kilowattstunde (Stand 2022, Strompreise steigend) bedeutet das Kosten von fast 220 EUR jährlich, die unnötig ausgegeben werden. Wer schnell wirksam sparen möchte, muss diese Geräte in seiner Abwesenheit einfach nur abstellen, und zwar ganz – mit schaltbaren Steckdosen oder indem der Stecker gezogen wird.

LADEGERÄT NICHT IN DER STECKDOSE LASSEN: Ein eingestecktes Handy- oder Tablet-Ladekabel verbraucht Strom, auch wenn kein Gerät dranhängt. Zugegeben: Für ein einzelnes Ladegerät sind die Kosten von ca. 20 Cent im Jahr überschaubar. Bei ca. 60 Millionen Smartphones in Deutschland könnten jedoch eine Menge Leerlaufkosten eingespart werden!

RUHE GENIESSEN: Gehören Sie zu den Menschen, die von der Arbeit nach Hause kommen und automatisch den Fernseher und/oder das Radio anschalten, damit es nicht so ruhig ist? Wenn man nicht bewusst zuhört oder -schaut, sollte man die Geräte einfach auslassen. Nach der Arbeit kurz zur Ruhe zu kommen, tut auch mal gut.

WLAN NACHTS AUSSTELLEN: Im Dauerbetrieb verbraucht ein Router (ohne weitere Repeater) ca. 90 Kilowattstunden pro Jahr. Bei einem Durchschnittsstrompreis entspricht das Kosten von jährlich 36 EUR. Ungefähr ein Drittel könnte eingespart werden, wenn man das WLAN nachts abstellt. Rechnet man die Kosten für eventuelle Repeater hinzu, kommt man leicht auf 15–20 EUR Ersparnis. Moderne Router haben in der Regel die Möglichkeit, Nutzungszeiten einzustellen. Im Normalfall benötigt man nachts kein WLAN, es sei denn, das komplette Smart-Home benötigt permanenten Zugang zum Internet. Aber selbst wer z. B. ein Smart-LED-System verwendet, braucht keinen nächtlichen WLAN-Zugang. Und auch das Handy muss nachts keine Nachrichten empfangen.

LED-LAMPEN NUTZEN: Schon vor Jahren wurde von Glühbirnen und Halogen-Lampen auf energiesparende LED-Lampen umgestellt. LED verbrauchen in der Regel über 80 Prozent weniger Strom als alte Glühbirnen. Selbst Energiesparlampen hatten bereits ein Einsparpotenzial von 60–70 Prozent. Anfangs war die Technik noch nicht ganz ausgereift. Die Leuchtkraft war schwach und die Entsorgung problematisch, da auch Quecksilber enthalten war. Mittlerweile sind moderne LEDs in verschiedenen Lichttönen (warm oder kalt) erhältlich und erleuchten mit wenig Energie ganze Flure.

Die Anschaffungskosten sind zwar deutlich höher als bei den alten Glühbirnen, dafür halten die LEDs wesentlich länger. Sollten Sie also noch alte Glühbirnen nutzen, können Sie mit neuen LED-Birnen direkt sehr viel Geld einsparen. Achten Sie aber beim Leuchtenkauf darauf, dass Sie die LEDs wechseln können. Vermeiden Sie Design-LED-Lampen, bei denen man das Leuchtmittel nicht austauschen kann – sonst wird die ganze Lampe zum Wegwerfprodukt.

LICHT AUS: Wer kennt es nicht – gerade noch im Badezimmer, dann im Flur und schon wieder im Wohnzimmer auf der Couch. Überall brennt Licht. Geben Sie sich einen Ruck und schalten Sie das Licht in den ungenutzten Räumen aus. Dass Lampen beim Ein- und Ausschalten mehr Strom verbrauchen als eine dauerbrennende Lampe, gilt nur für Leuchtstoffröhren und alte Energiesparlampen. Bei LED-Lampen ist das ein Mythos! Zudem können sie – im Gegensatz zu alten Birnen – weitaus häufiger an- und ausgestellt werden, ohne kaputt zu gehen.

AUSSENBELEUCHTUNG: Sie sind Eigentümer oder Mieter und können die Außenbeleuchtung selbst bedienen? Wenn Sie nicht aus gesetzlichen Gründen eine Beleuchtung haben müssen, schalten Sie diese im Sommer ab. Wohnen Sie an einer Hauptstraße mit Straßenbeleuchtung, macht die Außenbeleuchtung noch weniger Sinn.

WÄSCHE TROCKNEN: Es gibt viele Gründe für einen Trockner, doch dieser gehört zu den größten „Stromfressern" im Haushalt. Je nach Modell kostet ein Trocknerdurchgang ca. 1 EUR. Im Frühling, Sommer und Frühherbst sollte deshalb das Wäschetrocknen unter freiem Himmel die erste Wahl sein (sofern es räumlich möglich ist). Bei Wind und Sonnenschein werden die Sachen innerhalb von zwei Stunden schonend und komplett kostenfrei getrocknet. Trocknet die Wäsche eines Vier-Personen-Haushaltes die Hälfte des Jahres im Freien, werden 150 EUR gespart.

INFO Augen auf beim Gerätekauf! Schon seit vielen Jahren werden elektronische Geräte mit Effizienzkennzeichnung verkauft. Seit März 2021 gibt es für viele Geräte (Kühlschränke, Geschirrspüler, Waschmaschinen und elektronische Displays wie Fernseher), seit September 2021 auch für Leuchtmittel, ein neues EU-Energielabel. Die Unterschiede zum alten Energielabel: Die A-Plus-

Klassen sind weg. Die neue Energieeffizienzskala reicht von A bis G und nicht mehr wie bisher oft von A+++ bis D. Geblieben sind die Farben von grün (sehr energieeffizient) bis rot (Stromfresser). Wenn möglich, kaufen Sie bei Neuanschaffungen Geräte der höchsten Effizienzklasse. Bitte achten Sie aber auch auf den Energieverbrauch pro Jahr, hier gibt es große Abweichungen. Gerade bei Kühlschränken, die tagein, tagaus laufen, lohnt sich die Investition, genauso aber auch bei Spül- und Waschmaschinen.

IN DER KÜCHE

KAFFEEMASCHINE: Gute Kaffeemaschinen schalten sich nach einiger Zeit selbst ab und sparen so automatisch Energie. Andere wiederum bleiben auf Dauer-An oder haben eine Stand-by-Funktion. Schalten Sie also Ihre Kaffeemaschine aus, wenn Sie den ganzen Tag nicht zu Hause sind. Ein Kaffeevollautomat kann 1 Kilowatt am Tag verbrauchen.

ABZUGSHAUBE: Wer eine Abzugshaube mit Filter hat, sollte diesen auch regelmäßig wechseln. Je dreckiger der Filter, desto mehr Strom wird verbraucht, um die Leistung zu erbringen. Abgesehen von Hygieneproblemen, die damit ebenfalls beseitigt werden, funktioniert das Gerät auch wieder besser und man spart Strom. Noch mehr sparen Sie natürlich, wenn Sie einfach das Fenster öffnen (bei entsprechenden Außentemperaturen) und lüften, dann muss die Abzugshaube gar nicht angeschaltet werden.

WASSERKOCHER: Schnell und praktisch für eine Tasse Tee! Aber achten Sie darauf, nur so viel Wasser zu erhitzen, wie Sie benötigen. Einfach die Tasse mit Wasser füllen und dann in den Wasserkocher geben. Mehr Wasser zu erhitzen wäre Energie- und Wasserverschwendung.

UND NOCH MAL DER WASSERKOCHER: Sie benötigen heißes Wasser für die Spaghetti und haben einen Wasserkocher zur Hand? Nutzen Sie zum Erhitzen des Wassers den Wasserkocher und arbeiten Sie dann mit dem Wasser auf dem Herd weiter. Nutzen Sie diese Methode aber nur für übersichtliche Mengen (1–1,5 Liter), je größer die Wassermenge, desto eher lohnt sich das Erhitzen auf dem Herd. Ein Induktionsherd kocht Wasser ebenfalls sehr schnell, bei kleineren Mengen ist der Wasserkocher aber auch hier (minimal) überlegen.

STANDORT KÜHLSCHRANK: In deutschen Haushalten ist der Kühlschrank der Stromverbraucher Nummer Eins! Der Standort der Kühlkombination hat Einfluss auf den Stromverbrauch: Je wärmer die Umgebung, desto mehr Strom zieht der Kühlschrank. Stellen Sie ihn deshalb nicht neben die Heizung oder in die pralle Sonne. Zwischen Wand und den Kühlschlangen an der Rückwand des Geräts muss genügend Abstand herrschen – sonst droht ein Wärmestau und damit erhöhter Energieverbrauch.

KÜHLSCHRANK/GEFRIERSCHRANK ABTAUEN: Diejenigen, die eine Abtau-Automatik haben, müssen hier nicht weiterlesen. Gehören Sie aber zu denjenigen, die dieses teure Gimmick nicht haben, müssen Sie ab und zu Ihren Kühlschrank abtauen. Dicke Eisschichten wirken wie Dämmplatten und erhöhen den Stromverbrauch enorm. Spätestens, wenn die Eisschicht im Gefrierschrank einen Zentimeter dick ist, müssen Sie abtauen, denn pro Zentimeter Eisschicht steigt der Stromverbrauch um bis zu 15 Prozent. Das Abtauen sorgt dafür, dass die Kühlleistung verbessert und somit weniger Energie benötigt wird.

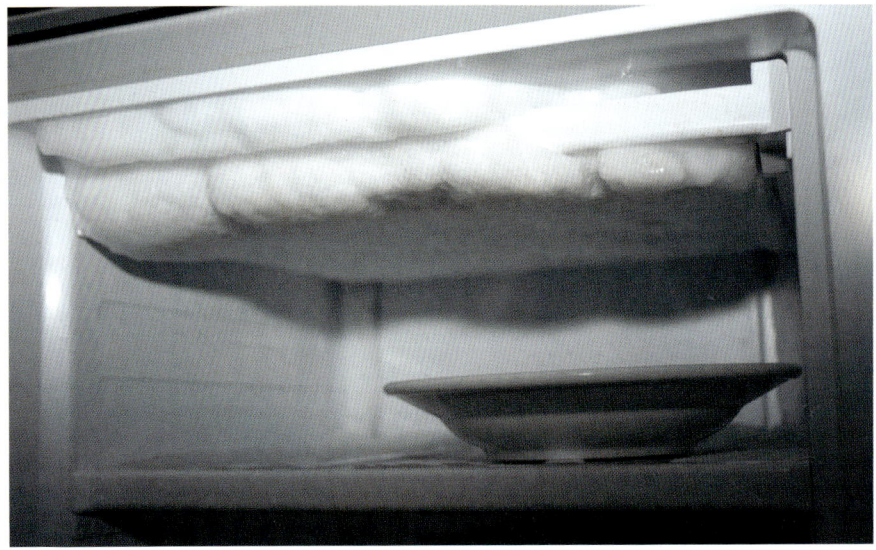

KÜHLSCHRANKTÜR SCHLIESSEN: Wer kennt es nicht, man kommt nach Hause, hat Hunger, reißt den Kühlschrank auf und verharrt minutenlang vor der verheißungsvollen Auswahl, unfähig, sich zu entscheiden, bis das Warnsignal ertönt. Besser: Erst überlegen, was man gerne essen würde, dann den Kühlschrank öffnen, die Sachen entnehmen und den Kühlschrank sofort wieder schließen.

HERD: Um Speisen nur etwas anzuwärmen oder warmzuhalten, können Sie die Restwärme der Kochplatten ausnutzen. Brauchen Sie mehrere Herdplatten nacheinander, verwenden Sie die Platten, die vorher schon heiß waren. Kalte Platten zu erwärmen, dauert länger und kostet wieder Strom. Und ein ganz einfaches Mittel, um Energie zu sparen: Decken Sie Töpfe mit ihren Deckeln ab. Die Wärme bleibt im Topf und der Inhalt wird schneller heiß.

OFEN: In den meisten Rezepten steht, dass man den Ofen vorheizen soll. Moderne Backöfen erreichen ihre Temperatur relativ schnell, verwenden Sie den Ofen also direkt nach dem Anschalten, zur Not kann man das Gericht oder die Backware ein paar Minuten länger drinlassen.

PARALLEL BACKEN: Sie haben mehrere Dinge, die Sie backen müssen? Wenn Sie einen Kuchen und einen Auflauf backen wollen, nutzen Sie die Wärme direkt für beide Gerichte, sofern die Temperatur ähnlich ist.

MIKROWELLE: Falls Sie eine Mikrowelle haben, wärmen Sie Ihr Essen darin und nicht im Backofen auf. Pro Aufwärmen können Sie 0,5 Kilowattstunden einsparen, da die Mikrowelle Ihr Essen deutlich schneller erhitzt.

SOLARENERGIE

STECKER-SOLARGERÄT: Wer vor dem Sparen etwas Geld investieren möchte, kann sich eine Mini-Solaranlage für den Balkon – sofern vorhanden – kaufen. Diese wird einfach in eine Steckdose gesteckt. Der von der Sonne produzierte Strom wird in das Hausnetz eingespeist und sofort für andere Geräte an Steckdosen verwendet. Dadurch läuft der Stromzähler langsamer, denn es wird weniger Strom aus dem öffentlichen Netz bezogen. Die Geräte haben den Vorteil, dass Verbraucherinnen und Verbraucher diese selbst beim Netzbetreiber anmelden können, zudem kann man sie problemlos bei einem Umzug mitnehmen. Die Leistung ist jedoch begrenzt, zurzeit erreichen die Mini-Anlagen zwischen 300 und 600 Watt (Wechselrichterleistung). Grundsätzlich muss man auf eine geeignete Platzierung achten. Liegt Ihr Balkon tagsüber im Schatten, kommt ein Stecker-Solargerät leider nicht infrage. Menschen mit Süd- bzw. Süd-West-Balkon erreichen aber in Deutschland gute Werte. Die Investition kann sich zum langfristigen Sparen also durchaus lohnen. Bitte beachten Sie die regionalen Regelungen und Mietervorschriften für zusätzliche Mini-Solaranlagen am Balkon.

INFO Ein Solarmodul mit 350-Watt-Leistung liefert ca. 270 Kilowattstunden Strom pro Jahr. Man kann derzeit jährlich ca. 60-70 EUR Stromgebühren einsparen, so dass sich die Anlage bereits nach 4-6 Jahren rechnet (bei gleichbleibenden Strompreisen). Die Kosten für eine Mini-Anlage liegen zwischen 500 und 700 EUR.

✓ CHECKLISTE STROM

❏ Ausschaltbare Mehrfachsteckdosen oder Smart-Steckdosen
besorgt

❏ Lampen auf LED umgerüstet,
keine Glühbirnen mehr

❏ Bei Mehrfachleuchten einige
Lampen rausgedreht

❏ Geräte, die nicht benötigt werden, vom Strom genommen

❏ Ladegeräte vom Strom getrennt

❏ „Stromfresser" durch energiesparende Geräte ersetzt

❏ WLAN nachts ausgeschaltet

❏ Handy nachts ausgeschaltet

❏ Gefrierschrank abgetaut

2. LEBEN UND ALLTAG

Neben der Möglichkeit, zu Hause Strom, Energie und Wasser zu sparen, gibt es auch im alltäglichen Leben zahlreiche Optionen, Kosten zu minimieren. Oft reicht es schon aus, wenige schlechte Gewohnheiten zu ändern. Damit helfen Sie nicht nur sich selbst, sondern tragen auch dazu bei, den Lebenszyklus von Produkten zu verlängern und damit der Wegwerfgesellschaft einen Riegel vorzuschieben. Ob im Verkehr, beim Arzt oder bei unseren lieben Kleinen, wir können sparen, ohne dass wir damit auf etwas verzichten müssen oder die Wirtschaft an den Abgrund bringen. Meine Redaktion und ich haben die wichtigsten Tipps für Sie zusammengestellt.

 2.1 KINDER

Kinder sind ihren Eltern lieb und teuer – im wahrsten Sinne des Wortes. Spätestens, wenn die Erstausstattung fürs Baby ansteht, wird werdenden Eltern klar, dass einige Kosten auf sie zukommen. Kein Grund zu verzagen: Hier gibt es viel Sparpotenzial. Für manche mögen Kinder die neuen Statussymbole sein und in Markenklamotten im High-End-Buggy herumgefahren werden, die Durchschnittsfamilie kann jedoch mit wenigen Tricks ordentlich Geld sparen!

TOP-TIPP Kaufen Sie bereits die Erstausstattung fürs Baby gebraucht: Wickelkommode, Beistellbettchen, Babywanne etc. lassen sich hervorragend secondhand erwerben. Vieles wird nicht länger als ein Jahr benötigt, ist dementsprechend meist noch in sehr gutem Zustand und kann später wieder weiterverkauft werden!

UMSTANDSKLEIDUNG: Genau wie bei der Erstausstattung fürs Baby bietet es sich an, Schwangerschafts- und Stillkleidung gebraucht zu kaufen oder von Freundinnen zu leihen. Sie wird nur eine begrenzte Zeit getragen und ist oft zum Schnäppchenpreis erhältlich.

KINDERWAGEN: Ein guter Kinderwagen erleichtert das Leben mit Kleinkind ungemein. Aber muss es wirklich das hippe Modell für 1.500 EUR sein? Wenn sich Ihnen

diese Frage gar nicht erst stellt und Sie zu den Menschen gehören, die keine astronomischen Summen für einen Kinderwagen ausgeben können oder wollen, lohnt sich ein Blick in die Vergleichsportale im Internet. Oftmals gibt es Vorjahresmodelle, die deutlich günstiger sind als das aktuell angesagte Design. Auch hier ist der Gebrauchtmarkt sehr interessant. Auf den bekannten Internet-Plattformen, in Nachbarschaftsforen oder auf dem Flohmarkt findet man schnell einen passenden Kinderwagen für deutlich geringere Beträge als im Handel.

KINDERSITZE: Bei der Sicherheit im Auto sollte man nicht sparen, aber auch nicht unnötig Geld zum Fenster hinauswerfen. Regelmäßig werden Kindersitze getestet, nicht immer sind die teuersten auch die besten. Mein Tipp: Schauen Sie sich aktuelle Testergebnisse an, Sie werden sehen, die Preisspanne von gut bewerteten Kindersitzen umfasst mehrere Hundert Euro!

KLEIDUNG: Gerade bei kleinen Kindern, die schnell wachsen, sollte man auf gebrauchte Kleidung zurückgreifen. Die Kleider werden in der Regel nur wenige Monate getragen und auf dem Flohmarkt oder im Secondhandladen finden sich neuwertige und modische Teile. Hier lässt sich viel Geld sparen, das man anlegen kann, um dem Kind später in der Schule Markenklamotten oder die angesagten Sneaker kaufen zu können ...

HAUSHALTSBUCH ANLEGEN:
Wenn es Zuwachs gibt, hat man andere Ausgaben als zuvor und eventuell wird ein Elternteil auf Teilzeitarbeit umstellen. Somit steht dem Haushalt weniger Geld zur Verfügung. Um die Kosten im Blick zu behalten, sollten Sie ein Haushaltsbuch führen (siehe ab S. 100).

SPIELZEUG: Was gibt es Schöneres, als ein Kind zu beschenken und die Freude in seinen Augen zu sehen? Doch jährlich wird tonnenweise Spielzeug gekauft, das dann oft ungenutzt im Zimmer liegt und Platz wegnimmt. Achten Sie darauf, Spielzeug zu kaufen, mit dem sich Ihr Kind länger beschäftigen kann. Kaufen Sie möglichst hochwertige und langlebige Spielsachen, die an Geschwisterkinder weitervererbt werden können. Auch hier ist der Gebrauchtmarkt riesig, Lego®, Playmobil® und Co. können auf dem Flohmarkt oder über Ebay-Kleinanzeigen günstig erstanden werden.

BABYNAHRUNG: Es ist bequem, Breie und Gemüse- oder Obstmus im Gläschen zu kaufen. Wenn Sie für sich selbst kochen, können Sie jedoch ohne viel Aufwand den Babybrei mitzubereiten. Pürieren Sie einfach einen Teil Ihrer (ungewürzten) Mahlzeit. Gemüsepüree lässt sich z. B. hervorragend auf Vorrat kochen – einfach in kleinen Portionen (z. B. im Eiswürfelbehälter) einfrieren und bei Bedarf auftauen. Soll es doch mal ein Fertigprodukt sein, greifen Sie zu größeren Gläsern Apfelmark (ohne Zuckerzusatz) statt Babygläschen. Sie sparen Verpackungsmüll und eine Menge Geld!

BREIFREIE BEIKOST: Zudem wächst der Trend zur breifreien Beikosteinführung. Hier wird ganz auf Brei verzichtet, das Baby gewöhnt sich parallel zur Milch an „richtiges" Essen. Auch das spart Geld, da man gar keine zusätzlichen Lebensmittel für das Kind benötigt.

INFO Öffentliche Bibliotheken bieten gerade für Familien mit Kindern zahlreiche kostenlose Unterhaltungsmöglichkeiten. Hier können nicht nur Bücher, sondern auch E-Books, Brettspiele, Tonträger, Filme, Konsolen-Spiele und vieles mehr ausgeliehen werden. Zusätzlich bieten die Online-Portale für registrierte Mitglieder Zugang zu vielen digitalen Angeboten wie Film- oder Hörspiel-Streaming-Diensten. Die Mitgliedschaft für Kinder und Jugendliche ist in der Regel kostenlos, Erwachsene zahlen pro Jahr zwischen 20 und 40 EUR.

✓ CHECKLISTE KINDER

❑ Umstandskleidung (Schwangerschafts- und Stillkleidung) gebraucht gekauft oder geliehen

❑ Kinderwagen gebraucht gekauft

❑ Kindersitze – im Internet Qualität und Preise verglichen

❑ Secondhand-Kinderkleidung gekauft

❑ Behälter für selbstgekochte Babynahrung angeschafft

❑ Haushaltsbuch angelegt

2.2 MOBILITÄT

Die motorisierte individuelle Mobilität hat in der Vergangenheit von Jahr zu Jahr zugenommen, und obwohl es – zumindest in Städten – gute Alternativen gibt, ist den Deutschen ihr eigenes Auto heilig. In den Fünfzigerjahren des letzten Jahrhunderts kauften sich die ersten Arbeiter Mofas und Motorräder, da Autos noch zu teuer waren. Nach und nach kamen preiswerte Fahrzeuge auf den Markt und das eigene Auto wurde zum Statussymbol. Früher war es durchaus üblich, als Kind einige Kilometer zu Fuß zur Schule zu laufen oder mit dem Bus zu fahren. Heute werden Kinder gerne im „Elterntaxi" vors Schultor gefahren und man legt selbst kleine Strecken mit dem Auto zurück: zum Einkaufen, zur Post, zur Reinigung, zum Restaurant, zu Freunden ... es ist eben bequem. Wir alle kennen aber die aktuellen Spritpreise und Geld für ein Elektroauto ist auch gerade nicht da, ganz abgesehen von der noch ausbaufähigen Ladeinfrastruktur in unserem Land. Was kann man also tun, wenn man sich daran gewöhnt hat, immer alles mit dem Auto zu machen? Rituale ändern!

TOP-TIPP Lassen Sie für Kurzstrecken das Auto stehen. Bei jedem Kaltstart verbraucht der Motor besonders viel Sprit. Spätestens jetzt, wo ein Liter Benzin knapp 2 EUR kostet, sollten Sie den Weg zum Briefkasten oder zum Bäcker um die Ecke zu Fuß oder mit dem Fahrrad zurücklegen. Sie müssen Einkäufe transportieren? In einem Einkaufstrolley findet der Wocheneinkauf einer Kleinfamilie problemlos Platz.

AUTO

START-STOPP-AUTOMATIK: Seit vielen Jahren werden Fahrzeuge mit einer Start-Stopp-Automatik ausgestattet. Da die Technik am Anfang Probleme bereitete (leere Batterie, Zündung schneller defekt) und der ein oder andere Autofahrer davon genervt ist, wird die Funktion gelegentlich deaktiviert. Diese Abschaltautomatik hat

jedoch einen Sinn und sie geht auch nur an, wenn der Motor entsprechend vorgeheizt ist. Insofern sollten Sie diese Spritspartechnik nutzen. Sie sparen im Stadtverkehr bis zu 15 Prozent Benzin, sodass Sie bei einem Wochenverbrauch von knapp 7–10 Litern (Fahrt zur Arbeit, einkaufen = ca. 100 Kilometer) 0,2–1,5 Liter sparen können. Summiert auf 52 Wochen ergibt das 20–50 EUR Ersparnis. Und Sie verpesten an der Ampel nicht die Luft für Fußgänger und Radfahrer.

FAHRWEISE OPTIMIEREN: Vorausschauendes, defensives und untertouriges Fahren spart Benzin. Lassen Sie das Auto vor Ampeln ausrollen, bremsen vergeudet Energie. Auch muss man an der grünen Ampel nicht Vollgas geben, wenn an der nächsten Ampel noch rot angezeigt wird. Indem Sie Ihre Fahrweise optimieren, sparen Sie bis zu 20 Prozent Kraftstoff.

REGELMÄSSIGE WARTUNG: Um Ihr Auto möglichst lange fahren zu können, sollten Sie es von Anfang an vernünftig warten lassen. Halten Sie sich an die Wartungsintervalle der Hersteller. Sie müssen dafür aber nicht zwangsweise in eine Markenwerkstatt, eine freie Werkstatt bietet die gleiche Leistung für weniger Geld. Achten Sie aber auf besondere Angaben der Hersteller für Garantienachbesserungen etc.

WIEDERVERKAUFSWERT ERHÖHEN: Wer sein Auto sauber, eventuell sogar „aufbereitet" und scheckheftgepflegt verkauft, erhält mehr Geld als Verkäufer von schlecht gewarteten Autos. In einigen Fällen können bis zu 20 Prozent mehr erlöst werden, wenn man die Wartungsintervalle eingehalten und alle Garantienachbesserungen durchgeführt hat. Zwar hat man so kein Geld gespart, aber der höhere Wiederverkaufswert hilft bei der Finanzierung eines Neuwagens. Bitte beachten Sie: Der Begriff „scheckheftgepflegt" hat eine rechtliche Bedeutung: Nur wenn wirklich alle Arbeiten im Hersteller-Scheckheft eingetragen sind und zusätzliche Arbeiten festgehalten wurden, kann man von „scheckheftgepflegt" sprechen.

UNNÜTZE ELEKTRISCHE „VERBRAUCHER" AUSSCHALTEN: Was Sie nicht unbedingt brauchen (Radio, Klimaanlage, Sitzheizung), sollten Sie abstellen. Bei 20 Grad kann man in der Stadt auch mal das Fenster öffnen, einen Verkehrsservice benötigt man in der Stadt in der Regel auch nicht. Die Klimaanlage sorgt beispielsweise für 1,5 Liter Mehrverbrauch auf 100 Kilometer.

TEMPOLIMIT: Auch wenn Kritiker bis heute wider besseres Wissen meinen, dass ein Tempolimit nichts bringt: Wer langsamer fährt, verbraucht weniger Benzin. Kein Fahrzeughersteller behauptet, dass sein Fahrzeug bei 180 km/h weniger verbraucht als bei 90 km/h. Also, nehmen Sie sich Zeit, halten Sie sich an die Geschwindigkeitsbegrenzungen und fahren Sie etwas langsamer, ohne zu schleichen – Sie kommen an Ihr Ziel und sind wahrscheinlich deutlich entspannter.

REIFENDRUCK: Überprüfen Sie regelmäßig den Reifendruck. Halten Sie sich an den obersten Wert der Herstellerempfehlung und fahren Sie nicht mit „platten" Reifen. Ist der Reifendruck 0,5 Bar zu niedrig, verbraucht man ca. 4–7 Prozent mehr Kraftstoff (je nach Modell). Im Durchschnitt sparen Sie also um die 90 EUR im Jahr, wenn Sie mit dem passenden Reifendruck fahren.

TANKEN: Sie können schon dadurch einige Cent pro Liter sparen, wenn Sie zum richtigen Zeitpunkt tanken gehen. In der Regel ist es abends (vor 21 Uhr) günstiger als am Morgen und mittwochs oder donnerstags günstiger als am Wochenende. Und achten Sie auf den Ferienbeginn – hier explodieren die Preise rechtzeitig zum Urlaubsstart.

TANKEN AUF DER AUTOBAHN:
Sie sind auf der Autobahn unterwegs und müssen tanken – erkundigen Sie sich nach Autohöfen und Tankstellen abseits der Autobahn. Beim Autohof ist das Benzin im Durchschnitt 10–30 Cent pro Liter günstiger als an der Autobahntankstelle, was bei einer Fernreise schon ins Gewicht fällt. Bei einer Reise von ca. 500 Kilometern und einem Durchschnittsverbrauch von 7 Litern kann man zwischen 7 und 10 EUR sparen – direkt. Ganz abgesehen davon, dass man vielleicht noch Kleinigkeiten einkauft, die ebenfalls ca. 10 Prozent (oder noch deutlich) günstiger sind als an Autobahnraststätten. Ein Beispiel: Eine 0,5-Liter-Flasche stilles Wasser kostet in einer Autobahnraststätte satte 2,50 EUR, in einem nahen Autohof nur 1 EUR. Nutzen Sie hier unbedingt die (kostenlosen) Tank-Vergleichsportale wie z. B. „Clever Tanken", „ADAC Spritpreise", „Mehr Tanken" oder „Richtig Tanken" (im Internet und als App). Manche Autohöfe bieten auch kostenlose WC-Nutzung an, im Gegensatz zu dem lästigen Bon-System.

AUTOVERSICHERUNG: Auch die Versicherungen erhöhen jährlich ihre Preise, aus Bequemlichkeit bleibt man bei seiner Versicherung. Nutzen Sie die Vergleichsportale im Internet und erkundigen Sie sich bei Versicherungsmaklern nach den Tarifen. In einigen Fällen kann man über 100 EUR sparen.

KFZ-SCHUTZBRIEF: Sie möchten sichergehen und Pannenhilfe bekommen? Die meisten Menschen in Deutschland treten bereits zu Fahrschulzeiten oder direkt im Anschluss in den ADAC ein, man möchte schließlich abgesichert sein. Oder man bekommt die erste Mitgliedschaft von Oma und Opa geschenkt und dann ist man zu faul, sich mit Alternativen zu beschäftigen. Doch auch bei Schutzbriefen kann man Geld sparen: Immerhin bieten auch Autoversicherungen Schutzbriefe an, teilweise mit erheblich erweiterten Leistungen. Ebenso gibt es andere Anbieter, die vielleicht nicht so groß sind, aber den gleichen oder sogar besseren Service bieten. Wenn ich nur eine Pannenhilfe benötige, muss es nicht der größte Anbieter sein. Erkundigen Sie sich nach aktuellen Testsiegern und vergleichen Sie die Preise, es gibt Schutzbriefe zwischen 25 EUR und 120 EUR bei vergleichbaren Leistungen.

BALLAST REDUZIEREN: Ach, der Kühlschrank war auch noch im Auto? Prüfen Sie, ob Sie unnötiges Gepäck, Wasserkästen etc. im Auto haben, denn wer „Ballast" mit sich herumfährt, verbraucht mehr Benzin. Bei einem Mehrgewicht von 100 Kilogramm werden 0,3–0,7 Liter mehr auf 100 Kilometer verbraucht. Räumen Sie also Ihr Auto leer und entfernen Sie alles, was nicht benötigt wird. (Bitte lassen Sie aber die Pflichtausstattung Warnweste, Warndreieck und Verbandskasten im Auto, diese muss mitgeführt werden.)

REIFENWECHSEL: Bevor Sie zu der Werkstatt Ihres Vertrauens gehen, prüfen Sie im Vorfeld, welche Dienstleister es gibt und was dort ein Reifenwechsel kostet. Die Unterschiede sind teilweise ganz erheblich, so zahlte ich z. B. an einer Tankstelle 20 EUR für das Wechseln, bei einem Reifenhändler hätte es 25 EUR und bei der Herstellerwerkstatt 40 EUR gekostet.

DACHGEPÄCKTRÄGER ABMONTIEREN: Mit einem beladenen Dachgepäckträger nimmt der Benzinverbrauch fast um 20 Prozent zu, mit einem Heckgepäckträger immerhin um 15 Prozent. Auch unbeladene Dachträger sorgen für einen Mehrverbrauch von ca. 10 Prozent. So können zwischen 0,5 und 1,4 Liter pro 100 Kilometer eingespart werden. Bauen Sie also alle Träger, die nicht benötigt werden, direkt nach Gebrauch ab.

KOSTENLOS STROM TANKEN: Früher war alles besser, insbesondere, dass man an vielen E-Tanksäulen kostenlos tanken konnte. Diese Zeiten sind vorbei, jedoch

gibt es immer noch einige Einzelhändler, die kostenlose Ladestationen während des Einkaufs zur Verfügung stellen (z. B. Lidl, Aldi Nord und Ikea). Nutzen Sie die Gelegenheit, jedes Kilowatt, das Sie sparen, macht sich im Portemonnaie bemerkbar. Im Internet finden Sie mehrere Portale (z. B. www.goingelectric.de), die kostenlose Ladesäulen anzeigen – schauen Sie, ob es welche in Ihrer Nähe gibt.

ALTERNATIVEN ZUM EIGENEN AUTO

ÖPNV NUTZEN: Auch wenn es einiges am öffentlichen Nahverkehr zu kritisieren gibt – wer mal kurz in die Stadt muss, um Kleinigkeiten zu kaufen, sollte unbedingt auf Bus und Bahn umsteigen. Ein Beispiel: Bei einer Fahrt in die Innenstadt (ca. 5 Kilometer Entfernung) verbrauchen Sie hin und zurück vielleicht 1 Liter Benzin (also ca. 2 EUR), sofern Sie nicht weitere 15 Kilometer im Kreis fahren müssen, um einen Parkplatz zu

INFO Sie haben eine einfache Strecke von ca. 10 Kilometern zu fahren, Sie müssen 5 Tage die Woche ins Büro. Bei einem Durchschnittsverbrauch von ca. 7,5 Litern auf 100 Kilometer verfahren Sie pro Woche jene 7,5 Liter. Bei einem Benzinpreis von 2 EUR pro Liter bedeutet das 15 EUR Spritgeld pro Woche. Bei 48 Wochen (Urlaubswochen abgezogen) verfahren Sie 720 EUR Benzin im Jahr. Pro Tag verfahren Sie somit 3 EUR*. Mit einer Fahrradfahrt sparen Sie also 3 EUR und tun gleichzeitig auch noch etwas für Ihre Gesundheit.

*reine Fahrkosten. Kosten für Versicherung, Steuer, Verschleiß, Wartung etc. noch nicht mitgerechnet.

ergattern. Zusätzlich zahlen Sie ca. 2,50 EUR pro Stunde für ein Parkhaus, bei zwei Stunden in der Stadt kommen also noch mal 5 EUR hinzu. Sie zahlen also mit dem Auto knapp 7 EUR direkt und zusätzlich über Versicherung, Steuern etc. noch einige Cent mehr. Ein Busticket kostet in Deutschland durchschnittlich 2,50 EUR für eine Einzelfahrt, sodass Sie nur 5 EUR ausgeben. Und Sie können so lange in der Stadt bleiben, wie Sie wollen. Sie sparen nicht nur die Parkgebühr und das Benzin, sondern schonen auch Ihre Nerven, da Staus und die lästige Parkplatzsuche entfallen. Wenn Sie also keine schweren Sachen transportieren möchten, sollten Sie unbedingt umsteigen.

CARSHARING: Wenn Sie Ihr Auto nicht täglich benötigen, ist in Städten Carsharing eine gute Alternative zum eigenen Auto. Denn auch wenn Ihr Auto meistens in der Garage steht, fallen dauerhaft Kosten für Steuer, Versicherung, Wartung und Instandhaltung an. Beim Carsharing zahlen Sie in der Regel eine kleine monatliche Grundgebühr und, je nach Tarif, einen Zeit- oder Kilometerpreis für das genutzte Fahrzeug.

FAHRGEMEINSCHAFTEN: Es klingt banal, aber schließen Sie sich mit Kollegen zu Fahrgemeinschaften zusammen und teilen Sie sich die Spritkosten. In den USA gibt es in vielen Großstädten auf den großen Einfallstraßen eigene Spuren für Fahrgemeinschaften. Ist ein Auto mit mindestens drei Personen belegt, darf es auf die Sonderspur. Davon sind wir in Deutschland noch weit entfernt, aber die Vorteile einer Fahrgemeinschaft liegen auf der Hand: Man spart Benzin, man benutzt sein eigenes Auto seltener, man benötigt nur einen statt mehrerer Parkplätze und man schont ganz nebenbei die Umwelt. Die konkrete Ersparnis hängt natürlich von der Art der Vereinbarung und der Personenzahl ab. Die einfachste Variante: Wir nehmen eine Person mit oder fahren bei jemand mit und teilen uns die Benzinkosten – wir sparen also 50 Prozent. Das ist durchaus eine Überlegung wert bei 2 EUR pro Liter.

MITFAHRGELEGENHEITEN: Es gibt mittlerweile diverse Seiten im Internet, auf denen Mitfahrgelegenheiten angeboten werden. Prüfen Sie einfach, ob Sie jemanden mitnehmen oder bei jemandem mitfahren können.

NACHBARSCHAFTSNETZWERKE: Die Nachbarschaftsapp www.nebenan.de wird für viele Dinge genutzt, oft werden hier kostenlos Sachen angeboten oder Such-anfragen gestartet. Auch hier gibt es Mitfahrangebote und -nachfragen. Vielleicht kön-nen Sie sich so das Benzin für eine Fahrt in die Hauptstadt mit einem Nachbarn teilen.

EISENBAHN: Erwägen Sie auch als eingefleischter Autofahrer, lange Strecken mit dem Zug zu fahren. Wenn Sie langfristig planen können, kaufen Sie Bahntickets 6–12 Wochen vor dem Reisetermin zum „Super-Spar-Preis" – die Ersparnis gegenüber dem Normalpreis beträgt bis zu 80 Prozent. Wenn Ihnen jetzt das Argument der ständigen Verspätungen auf der Zunge liegt: Im Stau zu stehen ist nicht weniger lästig und im Zug können Sie lesen, sich ausruhen oder arbeiten!

✔ CHECKLISTE MOBILITÄT

❑ Tank-App für den Preisvergleich installiert

❑ Auto gewartet

❑ Reifendruck angepasst

❑ Unnötiger Ballast entfernt

❑ Keine Dachträger oder Anhänger am Auto

❑ App für den regionalen Nahver-kehr installiert

❑ Fahrrad einsatzbereit gemacht

2.3 GESUNDHEIT

Wir alle wissen es und dennoch handeln wir ständig anders: Rauchen ist ungesund, zu viel Alkohol ist ungesund, zu viel Zucker ist ungesund, zu wenig Bewegung ist ungesund, und, und, und. Aber wieso ersparen wir uns all das dann nicht? Schlechte Gewohnheiten zu ändern fällt niemandem leicht, aber es ist möglich. Indem Sie langfristig einige Rituale ändern, tun Sie Ihrem Körper und Ihrem Geldbeutel etwas Gutes. Außerdem können Sie beim Arzt und in der Apotheke mit ein paar Tricks Geld sparen. Ich zeige Ihnen, wie.

TOP-TIPP Fragen Sie in der Apotheke bei rezeptfreien Medikamenten gezielt nach Generika. Neu entwickelte Medikamente unterliegen einem zeitlich begrenzten Patentschutz. Nach Ablauf der Frist können andere Hersteller das Medikament mit neuem Namen und Design auf den Markt bringen. Der Wirkstoff ist derselbe, der Preis deutlich günstiger: Im Durchschnitt zahlen Sie für ein Generikum zwei Drittel weniger als für das Originalpräparat!

IGeL BEI ARZTBESUCHEN: In den letzten Jahren wird man bei den verschiedenen Ärzten immer wieder gefragt, ob man nicht diese oder jene Zusatzuntersuchung durchführen möchte, die von der Kasse nicht übernommen wird, die aber „auf jeden Fall unheimlich wichtig" ist. Die sogenannten IGeL (Individuelle Gesundheitsleistungen) können individuell sinnvoll sein, in vielen Fällen ist der wissenschaftliche Nutzen jedoch nicht erwiesen, teilweise werden die Leistungen sogar negativ bewertet. Bevor Sie also Geld ausgeben (denn Sie bekommen es nicht zurück), erkundigen Sie sich, ob eine zusätzliche Untersuchung Sinn macht. Unter www.igel-monitor.de können Sie die Leistungen überprüfen und eine unabhängige wissenschaftliche Einschätzung abfragen. Sparen Sie sich die Untersuchungen, die für Sie persönlich überflüssig sind!

INFO Vor allem chronisch Kranke wissen, dass die Krankenversicherung längst nicht mehr alle Tabletten zahlt. Versuchen Sie also möglichst, durch gesunde Ernährung typische chronische Zivilisationskrankheiten wie Herz-Kreislauf-Beschwerden etc. vorzubeugen. Als chronisch Kranker können Sie unter bestimmten Voraussetzungen bei Ihrer Krankenversicherung eine Zuzahlungsbefreiung beantragen und so Kosten sparen.

REZEPTFREIE MEDIKAMENTE: Wenn Sie bestimmte Medikamente öfters nutzen oder z. B. eine Reiseapotheke anlegen wollen, lohnt sich ein Preisvergleich. Im Internet oder bei preiswerten Apotheken können Sie bis zu 44 Prozent sparen. Beachten Sie aber bei Online-Apotheken, dass die Portogebühren der Preisersparnis gegenübergestellt werden müssen.

KOSMETIKPRODUKTE: Kaufen Sie keine Kosmetik in der Apotheke. Die Bodylotion gegen trockene Haut aus der Apotheke hat weder eine besondere Zusammensetzung noch andere Inhaltsstoffe als die Bodylotion aus dem Drogeriemarkt. Sie ist aber wesentlich teurer.

ABNEHMEN: Schnelle Diäten und teure Diätpulver oder -getränke sind keine Lösung. Nehmen Sie sich viel Zeit, wenn Sie abnehmen oder Ihre Ernährung umstellen wollen. Das kostet nicht mehr, im Gegenteil – Sie zahlen durch den geringeren Verbrauch von Süßigkeiten und anderen Dickmachern Monat zu Monat weniger. Das Geld für spezielle Diätprodukte, mit denen man angeblich im Schlaf abnimmt, können Sie sich sparen.

ZAHNARZT: Eine Zahnarztbehandlung kann schnell teuer werden. Gehen Sie regelmäßig einmal im Jahr zur Vorsorgeuntersuchung und lassen Sie sich den Besuch im Bonusheft bestätigen. Sollten Sie Zahnersatz benötigen, erhalten Sie von der Krankenkasse einen höheren Zuschuss, wenn Sie mindestens fünf Jahre regelmäßige Vorsorge nachweisen können (70 statt 60 Prozent der Kosten der Regelversorgung als Festzuschuss).

✔ CHECKLISTE GESUNDHEIT

❑ 3 Tage pro Woche / ca. 200 min pro Woche Sport treiben

❑ Medikamente, die man in der Hausapotheke benötigt: Generika kaufen

❑ Keine Diätpulver oder Diätmittel, sondern Ernährung anpassen

❑ Vorkochen für den nächsten Arbeitstag

❑ Beim Zahnarzt Bonusheft ausstellen lassen

2.4 GELD, VERTRÄGE UND VERSICHERUNGEN

Wann waren Sie das letzte Mal im Fitnessstudio? Wann haben Sie das letzte Mal Ihren Mobilfunkanbieter gewechselt? Und wie viel zahlen Sie eigentlich für Ihr Girokonto? In unseren monatlichen Fixkosten verstecken sich viele unnötige Posten. Ob bei überteuerten Versicherungspolicen oder ungenutzten Abos – mit wenig Aufwand lassen sich die Kosten drücken. Ich habe für Sie die wichtigsten Tipps in diesem Bereich zusammengestellt.

STROM- UND GASVERTRÄGE: Ist Ihnen eine „Tarifanpassung" ins Haus geflattert? Dann ist jetzt eine gute Gelegenheit, die Angebote anderer Anbieter zu vergleichen, damit Sie im Zweifel rechtzeitig aus Ihrem Vertrag rauskommen. Denn bei Preiserhöhungen entsteht ein Sonderkündigungsrecht, das unabhängig von den regulären Kündigungsfristen gilt. Im Normalfall haben Sie nach der Zustellung 14 Tage Zeit, außerordentlich zu kündigen.

TOP-TIPP Bei Paaren, die zusammenleben, reicht bei vielen Versicherungen ein Vertrag (z. B. bei der Haftpflichtversicherung), Sie müssen dafür nicht verheiratet sein. Ein Partner kann den anderen in seinen Vertrag mit aufnehmen, den zweiten Vertrag können Sie sich sparen.

VERSICHERUNGEN ÜBERPRÜFEN: Sind alle Versicherungen sinnvoll, gibt es andere Anbieter mit gleicher Leistung, die günstiger sind? Völlig überflüssig ist z. B. eine teure Sterbegeldversicherung.

KRANKENVERSICHERUNG: Prüfen Sie, welche Krankenversicherung für Sie infrage kommt. Manche Krankenversicherungen verlangen höhere Zusatzbeiträge, erstatten dafür aber Kosten für Gesundheitskurse etc.

GIROKONTO: Prüfen Sie, ob Sie mit den Gebühren Ihrer Hausbank einverstanden sind. Zahlreiche Sparkassen und Banken verlangen nicht nur einfache Kontogebühren, auch für Überweisungen, die Zusendung von Kontoauszügen etc. werden zusätzliche Gebühren fällig. Schnell können sich solche Kleinstbeträge summieren, sodass Sie 3–5 EUR mehr pro Monat zahlen. Kostet Sie die Kontoführung inklusive aller Buchungen und Girocard mehr als 15 EUR im Quartal, sollten Sie das Girokonto wechseln. Oft zahlt man zu hohe Kontogebühren, weil es die Sparkasse um die Ecke ist. Girokonten bei Online-Banken ohne Filialen sind deutlich günstiger und sparen bares Geld.

ONLINE-BANKEN: Wenn Sie zu einer Online-Bank wechseln, achten Sie darauf, dass auch hier keine zusätzlichen Gebühren für alltägliche Leistungen wie z. B. Überweisungen oder Ihre EC-Karte anfallen. Und nur weil die Bank Ihnen die EC-Karte kostenlos überlässt, heißt das nicht, dass Sie ohne Zusatzgebühren Geld an jedem Automaten abheben können. Prüfen Sie also genau, welche Geldautomaten Sie umsonst nutzen können, denn für EC-Karten einer fremden Bank werden an den meisten Bankautomaten Gebühren zwischen 3,50 und 5 EUR fällig.

RÜCKLAGEN BILDEN: Gibt es vom Arbeitgeber eine Einmalzahlung, erhalten Sie nach der Steuererklärung Geld zurück oder schenkt Ihnen ein Verwandter eine größere Summe Geld – geben Sie es nicht direkt aus. Überlegen Sie, ob nicht eventuell wichtige Dinge wie eine Reparatur oder eine größere Neuanschaffung anliegen. Der Moment wird kommen, wo Sie sich überlegen müssen, ob Sie sich einen neuen Schrank oder einen neuen Computer leisten können. Leider hat man das Geld aber meistens nicht einfach so herumliegen …

KREDITE: Wenn Sie kurzfristig Kleinkredite aufnehmen, weil Sie z. B. eine neue Waschmaschine benötigen, zahlen Sie diesen Kredit erst ab, bevor Sie einen neuen Kredit aufnehmen. Viele Kredite mit jeweils kleinen Zahlungen und Zinsen summieren sich sonst zu einer großen Last. Vermeiden Sie aber Kleinkredite mit niedrigen Raten über einen längeren Zeitraum. Innerhalb von 12 Monaten sollte eine Waschmaschine abgezahlt sein, niemand kann wissen, was in Zukunft an sonstigen Kosten (Reparaturen etc.) anfällt.

HANDYVERTRAG: Sie telefonieren seit Jahren mit demselben Mobilfunkvertrag? Dann wird es Zeit, die aktuellen Angebote zu vergleichen. Heutzutage gibt es z. B. bei

Discountern Verträge mit Telefon-Flat-rates für 5 EUR im Monat. Ihre Rufnummer können Sie in der Regel problemlos mitnehmen. Schließen Sie einen Vertrag ab, den Sie monatlich kündigen können. Bei längerer Laufzeit kündigen Sie fristgerecht, so sind Sie gezwungen, sich immer wieder die neuesten Angebote anzuschauen. Hier lässt sich eine Menge Geld sparen, da viele Verträge nach einer gewissen Laufzeit teurer werden.

ABOS UND MITGLIEDSCHAFTEN:

Oft schlummern ungenutzte kostenpflichtige Mitgliedschaften in Ihren Ordnern, die Sie längst nicht mehr brauchen. Steigen Sie aus und sparen Sie sich das Geld! Prüfen Sie, ob Sie folgende Abos und Mitgliedschaften wirklich nutzen oder ob Sie etwas kündigen können: Fitnessstudio, Parteien, Kirche, Clubs (Automobil, Camping), Online-Dienstleister (Dating-Portale, Fitness), Pay-TV, Zeitschriften, Software-Anbieter und Streaming-Dienste (Amazon Prime, Netflix, Spotify, YouTube Premium etc.).

✓ CHECKLISTE GELD, VERTRÄGE

❑ Mobilfunkvertrag geprüft, eventuell gewechselt

❑ Alle Versicherungsverträge herausgesucht und Leistungen geprüft

❑ Verträge und Abos gekündigt, die nicht benötigt werden

❑ Kontogebühren Ihrer Bank geprüft, eventuell gewechselt

3. KONSUM

Keine Angst, hier erfolgt nicht der Aufruf zum kompletten Verzicht, sondern zu bewussterem Einkaufen. Selbstverständlich können Sie weiterhin im Rahmen Ihrer finanziellen Möglichkeiten Shoppingtouren machen, aber mit einem selbstgesetzten Limit und anderen Tricks geben Sie vielleicht nur so viel aus, wie Sie ursprünglich geplant hatten, und nicht gleich doppelt so viel. Wir zeigen Ihnen, wie Sie sich vom Druck der Werbung befreien (Einkaufszettel), wie Sie mit Sonderangeboten umgehen (wenn benötigt oder langfristig sinnvoll, kaufen, ansonsten ignorieren) und wie Sie nicht auf Rabattfallen hereinfallen, weil man Ihnen weismachen möchte, dass Sie sparen. Sparen kann man, wenn man etwas weglässt. Wenn man etwas mit Rabatt kauft, obwohl man es nicht benötigt, spart man nicht, man gibt nur weniger Geld aus. Aber man gibt Geld aus.

 ## 3.1 ESSEN UND TRINKEN

Bei Lebensmitteln können wir sehr viel Geld sparen. Das A und O ist, einen Einkauf gut zu planen. Hilfreich ist es auch, wenn Sie die Tricks der Händler durchschauen, die unser Verlangen weiter ankurbeln wollen. Statt im Supermarkt das erstbeste Fertiggericht zu kaufen, das nicht satt macht, planen Sie lieber eine selbstgekochte Mahlzeit aus frischen Zutaten. So können Sie sich gleichzeitig noch Essen für den nächsten Tag vorbereiten, damit Sie im Büro gesund essen können, statt in der Bäckerei teure belegte Brötchen zu kaufen.

RICHTIG EINKAUFEN

FRISCH EINKAUFEN: Kaufen Sie frische Lebensmittel möglichst immer nur für ein bis zwei Tage ein, in einer Menge, die Sie garantiert verbrauchen können. Wir kennen alle den vergammelten halben Salatkopf im Frischefach und wir müssen teuer gekaufte Produkte entsorgen.

TOP-TIPP Gehen Sie niemals hungrig in den Supermarkt, im Korb landen garantiert Fertiggerichte, Süßigkeiten oder Salziges. Geht man z. B. nach der Arbeit einkaufen, weil es auf dem Weg liegt, ist man meistens schon hungrig und denkt ans Abendessen. Essen Sie, kurz bevor Sie aufbrechen, noch einen Apfel oder einen Joghurt.

MINDESTHALTBARKEITSDATUM:

In Supermärkten werden Artikel, deren Mindesthaltbarkeitsdatum in Kürze abläuft, oft mit Rabatt verkauft. Wenn Sie einen Joghurt heute oder morgen schon essen wollen, greifen Sie zu. Wenn Sie wissen, dass Sie einen Artikel erst in einigen Tagen benötigen, sollte dieser auch entsprechend haltbar sein.

NUR MIT (UND NACH) EINKAUFSZETTEL EINKAUFEN: Diese Situation kennt wohl jeder – man geht in den Supermarkt, um etwas Milch und Butter zu kaufen, und am Ende ist der Einkaufswagen voll. Notieren Sie sich nach einem Blick in den Kühl- und Vorratsschrank, was Sie wirklich benötigen. Das betrifft vor allem Brot und andere verderbliche Lebensmittel. Kaufen Sie dann nur nach Einkaufsliste ein, das spart viel Geld.

WOCHENMARKT: Wenn Sie die Möglichkeit haben, kaufen Sie Ihr Gemüse und Obst auf dem Wochenmarkt. Bringen Sie eine eigene Tasche mit und vergleichen Sie die Preise an den Ständen. Sie werden feststellen, dass gerade saisonales Obst und Gemüse günstiger ist als im Supermarkt. Gegen Ende der Marktzeit geben viele Verkäufer zusätzliche Rabatte.

SAISONOBST UND -GEMÜSE EINKAUFEN: Wer bestimmte Obst- und Gemüsesorten außerhalb der Saison kauft, zahlt oft das Doppelte. Abgesehen von den höheren Kosten sollte man sich überlegen, woher die Ware kommt. Erdbeeren im Winter aus Spanien werden oft mit Kunstdünger oder Pestiziden behandelt, Gemüse aus Holland wird in Gewächshäusern gezogen, meist nicht mehr in Erde, sondern in Steinwolle. Für Transport, Licht und Wärme werden große Mengen an Energie verschwendet, wodurch auch unsere Energiekosten steigen. Kaufen Sie saisonal und wenn möglich regional ein, dann bekommen Sie die Produkte immer günstig und frisch aus der Gegend. Sie sparen beim Einkauf und schonen die Umwelt, da keine langen Transportwege angefallen sind.

KOCHBÜCHER: Auf dem Buchmarkt gibt es zahlreiche gute Kochbücher für jeden Geldbeutel, die zusätzlich ausführliche Einkaufstipps geben. Wenn Sie sich also Kochbücher kaufen, um leckere Rezepte zu erlernen und gleichzeitig Geld zu sparen, achten Sie auf Bücher mit Einkaufslisten.

LIMIT SETZEN: Setzen Sie sich ein Limit, wie viel Geld Sie für Ihren Einkauf zur Verfügung haben, und halten sich dann an dieses feste Budget. Indem Sie nur einen bestimmten Betrag Bargeld mitnehmen und die EC- und Kreditkarten zu Hause lassen, geben Sie nicht mehr Geld als nötig aus.

HÄNDLERTRICKS: Bei der Produktplatzierung im Supermarkt wird nichts dem Zufall überlassen. Laufwege der Kunden werden mit der Kamera aufgezeichnet und analysiert, damit Störpaletten den Kunden an passender Stelle zu einem größeren Einkauf verleiten können. Gleichzeitig findet man in den Regalen auf Augenhöhe oder in Griffreichweite die teuren Markenprodukte. Preiswerte Alternativ-Produkte werden in den unteren Regalfächern versteckt. Nur bei Eigenmarken verhält es sich anders. Da die Gewinnmarge der Hersteller hier größer ist, werden diese prominent aufgestellt.

PREISE RICHTIG VERGLEICHEN: Seit dem 01.09.2000 müssen auf Waren die Grundpreise pro Mengeneinheit angezeigt werden. Viele Supermärkte haben dann, den Grund kann man sich denken, bei gleichen Produkten unterschiedliche Mengeneinheiten angezeigt, so dass man nicht ohne umzurechnen vergleichen konnte. Seit dem 28.05.2022 müssen zur besseren Vergleichbarkeit die Mengeneinheiten „unmissverständlich, klar erkennbar und gut lesbar" angegeben werden, zudem muss grundsätzlich 1 Kilogramm oder 1 Liter als verbindliche Mengeneinheit genutzt werden.

Nun können Sie auf dem Preisschild am Regal also genau sehen, ob das Produkt A günstiger ist als Produkt B, obwohl der Preis erst mal höher erscheint. Indem man die Grundpreise vergleicht, kann man viel Geld sparen!

BEI MARKENPRODUKTEN SPAREN: Sie mögen ausschließlich die Markenprodukte und möchten nicht auf preiswertere Alternativen zurückgreifen? Kein Problem, zahlreiche Markenprodukte sind sehr häufig im Angebot, Sie müssen nur vergleichen. Viele Produkte sind entweder bei dem einen Markt im Angebot oder bei dem anderen. So kann man eine Tafel Milka für 1,29 EUR oder im Angebot für 0,79 EUR kaufen.

LANGLEBIGE PRODUKTE: Sie benötigen Toilettenpapier, Batterien oder lang haltbare Lebensmittel wie z. B. Nudeln? Prüfen Sie im Vorfeld unbedingt alle Angebote und kaufen Sie diese Produkte nur auf Vorrat, wenn sie günstig angeboten werden.

NICHTS IM KASSENBEREICH KAUFEN: Die Snacks und Süßigkeiten im Miniformat sind teurer als die größere Packung im Regal. Besonders beim Einkauf mit Kindern eine große Herausforderung ...

ANGEBOTSFLYER UND -APPS: Viele Supermarktketten verteilen Prospekte mit Sonderangeboten. Sollten die Supermärkte nicht zu weit auseinander liegen, lohnt sich der Vergleich und das Aufsuchen mehrerer Supermärkte, um möglichst viele Angebote einzukaufen.

INFO

Kein Supermarkt hat ein Interesse daran, Sie nur mit dem Nötigsten zu entlassen. Sie sollen mehr kaufen, mehr verbrauchen, erst dann lohnt sich Ihr Besuch für einen Supermarkt. Und dafür wird mit vielen psychologischen Tricks gearbeitet: Am Eingang gibt es eine Bäckerei, die minütlich lecker duftende Brötchen aufbackt, damit man direkt Hunger bekommt. Danach kommt die Obst- und Gemüsetheke mit ihrer bunten, frischen Vielfalt, da muss man zugreifen, das ist ja gesund. Gleich zu Beginn des Einkaufs werden alle Sinne angesprochen. Wichtige Grundnahrungsmittel stehen weit auseinander, damit der Kunde möglichst lange Laufstrecken hat und unterwegs noch viele andere Produkte einpackt. Die Kühltheke mit den Molkereiprodukten ist ganz hinten im Laden – Milch oder Käse braucht fast jeder Käufer und muss auf dem Weg dorthin viele Regale passieren. Aber halt, wo finde ich die Getränke? Erst mal durch die Süßwarenabteilung. Und der Kaffee? Steht neben dem Sonderangebot für Nutella im 3-Kilo-Glas, ein Schnäppchen. Produkte für den gleichen Anlass (z. B. Frühstück) lassen sich zusammen besser verkaufen. Zuletzt folgen die Truhen mit den Tiefkühlwaren, da muss man auf jeden Fall durch, sonst kommt man nicht zur Kasse. Und wenn man sich bis zur Kasse durchgekämpft hat, stehen die Süßigkeiten im teuren Miniformat auf Kinderhöhe. Viele Eltern kapitulieren vor der „Quengelware".

Sie sind, und das können Sie nicht ändern, der gläserne Kunde. Sie können durch bewusstes und gut geplantes Einkaufen jedoch eine Menge Geld sparen, indem Sie sich nicht zu Spontaneinkäufen verleiten lassen und bei kleineren Einkäufen einen direkten Weg zur Kasse wählen.

MINDESTHALTBARKEITSDATUM: Wie der Name schon sagt, ist das Mindesthaltbarkeitsdatum das Datum, bis zu dem sich die Ware auf jeden Fall hält. Meistens hält sie aber noch viel länger, denn es handelt sich hier nicht um ein Verfallsdatum. Bevor Sie also den Magerquark, dessen Mindesthaltbarkeit gestern abgelaufen ist, wegwerfen, öffnen Sie ihn und riechen und probieren Sie ihn – wahrscheinlich ist alles in Ordnung (Informationen zur Haltbarkeit von Lebensmitteln finden Sie in der Tabelle auf S. 96/97).

SELBST BACKEN: Backen Sie Ihr Brot doch mal selbst! Natürlich traut man sich nicht sofort an ein Sauerteigbrot heran, aber einfache Hefebrote bekommt man ohne großen Aufwand hin. Sie werden auch hier feststellen, dass bei den gestiegenen Brotkosten ein selbstgemachtes Brot durchaus eine Alternative sein kann.

FISCH, FLEISCH UND WURST REDUZIEREN: Sie müssen nicht gleich zum Veganer werden, aber wenn Sie etwas Geld sparen möchten, können Sie hier ansetzen. Man braucht nicht immer das 250-Gramm-Steak, man kann auch mal mit 180 Gramm glücklich werden. Gleiches gilt natürlich für die Wurst. Sie müssen nicht auf Wurst oder Schinken verzichten, aber manchmal reicht auch eine Scheibe, der Belag muss nicht so dick wie das Brot sein. Konsumieren Sie Fleisch bewusst und in Maßen – so schonen Sie Ihren Geldbeutel und das Klima.

GRUNDNAHRUNGSMITTEL RICHTIG LAGERN: Bestimmte Grundnahrungsmittel, die lange haltbar sind, können Sie auf Vorrat kaufen und gut verschlossen zu Hause lagern. Nudeln, Reis, Haferflocken, aber auch Marmelade und Konservendosen oder Einmachgläser sorgen dafür, dass Sie immer etwas zu essen im Hause haben und eine gesunde Mahlzeit zubereiten können. Indem Sie Lebensmittelverschwendung vermeiden, sparen Sie Geld.

RESTE VERWERTEN: Wenn Sie zu viel gekocht haben, verwenden Sie die Reste in Eintöpfen und Suppen oder frieren Sie sie portionsweise ein. Weggeschmissenes Essen ist weggeschmissenes Geld.

AUF FERTIGGERICHTE VERZICHTEN: Eine Tiefkühlpizza für 2 EUR erscheint oft erst einmal preiswert, doch Selbstgekochtes ist in der Regel preiswerter. Fertiggerichte enthalten außerdem viel Fett, Salz und Zucker, so dass man schnell wieder Hunger und Durst bekommt. Sie konsumieren also automatisch mehr. Vom unnötigen Verpackungsmüll einmal ganz abgesehen ...

NAHRUNGSERGÄNZUNGSMITTEL: Wenn Sie sich normal ernähren, benötigen Sie keine zusätzlichen Vitamine, Ballaststoffe und Mineralien. Das ist zum Fenster hinausgeworfenes Geld.

„TO GO": Beim Essen unterwegs oder dem schnellen Snack in der Mittagspause kommen rasch Unsummen zusammen! Dennoch kauft man sich gerne mal den To-go-Kaffee fürs Auto oder den Bus und das belegte Brötchen bei der Bäckerei-Kette. Ein Kaffee im Pappbecher für 2,50 EUR und ein Sandwich für 3 EUR fünfmal pro Woche – das macht im Monat bereits über 100 EUR. Wer einen Kaffee „auf die Hand" braucht, besorgt sich lieber einen wiederverwendbaren Kaffeebecher und nimmt sich Kaffee von zu Hause mit. Und wer unterwegs etwas essen will, schmiert sich vorher einfach eine Stulle zum Mitnehmen.

INFO In Deutschland werden jedes Jahr ca. 12 Millionen Tonnen Lebensmittel verschwendet, in Privathaushalten sind es pro Kopf und Jahr rund 75 Kilogramm. Abgesehen davon, dass 828 Millionen Menschen weltweit hungern und nicht genug zu essen haben – Essen zu vernichten bedeutet Geld zu vernichten, oder würden Sie auf die Idee kommen, ein Drittel Ihres Wocheneinkaufs direkt in den Müll zu werfen? Bei einem Misch-Bon (also inklusive anderer Haushaltsprodukte) von 100 EUR werden 10-20 EUR von uns „weggeschmissen", pro Jahr sicherlich einige Hundert Euro. Bei einem jährlichen Verbrauch von ca. 2.000 EUR pro Person wird in einem Vier-Personen-Haushalt womöglich ein vierstelliger Betrag in den Müll geworfen. Und das bei steigenden Lebensmittelkosten – je weniger Lebensmittel wir verschwenden, desto mehr Geld sparen wir (Informationen zur Haltbarkeit von Lebensmitteln finden Sie in der Tabelle auf S. 96)

GETRÄNKE

KAFFEEMASCHINE: Die einen mögen Filterkaffee, die anderen bevorzugen Kaffee aus dem Vollautomat. Es gibt mittlerweile verschiedenste Kaffeemaschinen, die vernünftigen Kaffee machen. Äußerst unvernünftig und viel zu teuer sind jedoch Kapselmaschinen. Als Beispiel: Rechnet man die Kosten von 35–45 Cent für 6 Gramm Kapselinhalt auf 1 Kilogramm hoch, kommt man auf 60–80 EUR. Würden Sie für 1 Kilo gemahlenen Kaffee so viel Geld ausgeben? Abgesehen davon produzieren Sie eine Menge Müll, der nicht nur der Umwelt schadet, sondern auch Ihrer Geldbörse, da die Müllgebühren steigen. In Deutschland werden ca. 3 Milliarden Kaffeekapseln im Jahr verbraucht, das entspricht ca. 13.000 Tonnen Aluminium- und Plastikmüll.

TRINKWASSER: Das Leitungswasser ist überall in Deutschland von sehr guter Qualität und kann bedenkenlos getrunken werden, sofern Sie keine Bleileitungen im Haus haben. Wozu also stilles Wasser teuer kaufen und Kästen schleppen? Sie sparen nicht nur Geld beim Einkauf, sondern sorgen nebenbei auch für weniger Müll. Hier eine Beispielrechnung: Ein Liter kaltes Leitungswasser kostet ca. 0,2 Cent, stilles Markenwasser zwischen 20 und 80 Cent je Liter. Überlegen Sie, ob Sie nicht hin und wieder mit Leitungswasser auskommen. Bei einem Tagesverbrauch von 1,5 Litern pro Tag pro Person

geben Sie für gekauftes Wasser mindestens 2,10 EUR in einer Woche aus, mit Leitungswasser hingegen nur 2,1 Cent. Auf ein Jahr gerechnet: statt 109 EUR nur 1,09 EUR – das
Wasser aus dem Hahn ist also ca. 100-mal preiswerter als gekauftes Mineralwasser
und genauso empfehlenswert!

✔ *CHECK*LISTE ESSEN UND TRINKEN

❑ Kühlschrank und Vorratsschrank geprüft

❑ Einkaufsliste erstellt

❑ Angebote der verschiedenen Anbieter verglichen

❑ Vor dem Einkaufen ausreichend gegessen

❑ Im Supermarkt Grundpreise der Lebensmittel verglichen

❑ Tragetaschen und evtl. Kühltasche für den Einkauf eingepackt

❑ 1-EUR-Münze für den Einkaufswagen eingesteckt

❑ Wochenmarkttermin herausgesucht

❑ Behälter besorgt, um Reste einzufrieren

❑ Fächer im Kühlschrank gekennzeichnet

❑ Haltbare Lebensmittel im Angebot eingekauft

❑ Mehrweg-Kaffeebecher und Brotdose für unterwegs besorgt

BONUS- UND PRÄMIENSYSTEME

Ob Payback, DeutschlandCard oder andere Bonussysteme, überlegen Sie sich gut, ob Sie hier einsteigen wollen. Grundsätzlich kann man mit Sondercoupons und einem Punktesystem Geld sparen oder auch bestimmte Produkte günstiger erwerben. Die Systeme verfolgen aber einen anderen Zweck: Man „sammelt" Punkte. Mit dem Sammeln soll man animiert werden, mehr zu kaufen, um z. B. eine Prämie besonders günstig zu bekommen. Ein Prämiensystem kann also zum Mehreinkauf verführen. Nutzen Sie es nur, wenn Sie einerseits kein Problem damit haben, dass Ihre Einkaufsdaten ausgewertet und Sie zum gläsernen Kunden werden, und wenn Sie andererseits von sich behaupten können, der Punktesammelwut widerstehen zu können. Abgesehen davon muss man feststellen, dass viele Prämien zu „teuer" abgegeben werden. Wenn man die angegebenen Preise im Internet vergleicht, stellt man häufig fest, dass das Prämienprodukt bei anderen Shops deutlich günstiger angeboten wird. Nachfolgend einige Bonussysteme, die von meiner Redaktion getestet wurden.

HIER HABEN WIR GUTE ERFAHRUNGEN GEMACHT:

WWW.SHOOP.DE: Das Bonussystem funktioniert nur mit Online-Shops, jedoch gibt es hier tatsächlich „Geld zurück", je nach Shop mit unterschiedlichen Prozenten.

WWW.DEUTSCHLANDCARD.DE: Laut Eigenwerbung machen über 450 Partner mit. Über die App oder die Bonuskarte kann man Punkte sammeln, die verrechnet oder gegen Prämien eingetauscht werden können. Zahlreiche Zusatzcoupons sorgen für das schnelle Ansteigen der Punktezahl.

MIT DEN NACHFOLGENDEN SYSTEMEN KANN MAN SPAREN, DIE AUSBEUTE IST ABER VERHÄLTNISMÄSSIG GERING:

WWW.MILES-AND-MORE.COM: Mit der Servicekarte kann man bei Flügen der mam-Partner Meilen sammeln, ebenso bei angeschlossenen Partnern. Die Prämienmeilen kann man dann im Prämienshop oder gegen „Flugmeilen" eintauschen. Im normalen Leben erhält man nur wenige Meilen und für „Gratisflüge" muss man sehr viele sammeln. Auch für Upgrades braucht man viele gesammelte Meilen. Für Vielflieger sicherlich interessant, für Otto Normalverbraucher weniger.

WWW.PAYBACK.DE: 30 stationäre Partner und 600 Online-Shops können über Payback abgerechnet werden. Bei jedem Einkauf werden Punkte gesammelt, die gegen Prämien oder auch Bargeld eingetauscht werden können. Leider werden nicht immer alle Einkäufe erfasst, die Punktezahl wächst nur langsam und nach 36 Monaten verfallen ungenutzte Punkte. Die Sonderaktionen bei Lebensmitteln sind oft auf ungesunde Süßigkeiten beschränkt.

WWW.SHELLSMART.COM: Auch hier kann man Punkte sammeln oder Rabatt auf den Tankpreis erhalten. Zudem können die Shell-Punkte auf das Miles-and-more-Bonussystem übertragen werden. Attraktiv ist eventuell die Shell-Preisgarantie: Die App überprüft 10 Markentankstellen in der Umgebung, ist eine der Tankstellen deutlich günstiger, wird bei Shell der Preis reduziert, der Garantiepreis liegt dann höchstens 2 Cent je Liter über dem günstigsten Angebot.

3.2 EINRICHTUNG

Ein Umzug kostet viel Geld. Wenn dann auch noch neue Möbel angeschafft werden müssen, ist das Konto schnell leergeräumt. Mit etwas Kreativität, handwerklichem Geschick und einigen nützlichen Tricks können Sie beim Einrichten Ihrer Wohnung dennoch sparen.

TOP-TIPP Misten Sie regelmäßig Ihre Habseligkeiten aus und verkaufen Sie Dinge, die Sie schon lang nicht mehr benutzt haben, die für andere aber von Wert sein könnten. Ein gut erhaltenes Handy, Markenkleidung, die nicht abgetragen ist, Möbel und Elektrogeräte – Sie können alles auf entsprechenden Plattformen anbieten. Auch Bücher, DVDs, Schallplatten etc. werden gesucht. So bessern Sie gleichzeitig Ihr Budget für Neuanschaffungen auf.

MÖBEL NEU KAUFEN: Im Internet gibt es zahlreiche Infoseiten, die darauf hinweisen, dass man Möbel online preiswerter kaufen kann als im Laden. Das kann man so nicht stehen lassen: Viele Möbelgeschäfte bieten auf die angegebenen Preise im Laden hohe Rabatte, wenn man nachfragt. Bei den ausgezeichneten Preisen sind Rabatte oft bereits einkalkuliert. Gerade bei Möbeln wie Sofas oder Betten sollten Sie außerdem nicht auf das Ausprobieren im Möbelhaus verzichten. Wie bei anderen Großanschaffungen können Sie dann online Preise vergleichen und im Laden verhandeln. Kein Geschäft möchte auf der Ware sitzenbleiben. Beim Kauf im Fachgeschäft sparen Sie sich außerdem Reklamationen, Rücksendungen, Fehlkäufe und betrügerische Angebote.

MÖBEL SECONDHAND KAUFEN: Möbel kann man hervorragend gebraucht kaufen, auf dem Flohmarkt, im Internet oder in entsprechenden Gebrauchtwaren-Kaufhäusern. Hier sparen Sie richtig viel Geld und Sie bekommen sogar noch etwas Besonderes, Einzigartiges. Aus dem alten Küchentisch wird mit etwas Farbe ein schickes Vintage-Teil!

MATRATZEN KAUFEN: Glücklicherweise muss man nur alle zehn Jahre eine neue Matratze kaufen, dennoch kann auch hier viel Geld gespart werden. Am besten kauft man eine Matratze im Laden, hier kann man probeliegen und vergleichen. Aber bestimmt kennen Sie auch die Schilder „Vorher 1.500 EUR, jetzt nur noch 500 EUR". In vielen Fällen werden sehr hohe Preise oder unverbindliche Preisempfehlungen angezeigt, damit der „Wert" der Matratze entsprechend verführt. Denn vielleicht gibt es auch Matratzen für 300 oder 400 EUR, die sehr gut sind – aber bei der anderen „spart" man ja 1.000 EUR, die Matratze muss ja besser sein! Lassen Sie sich nicht über den Tisch ziehen, Mondpreise anzugeben ist gesetzlich verboten, dennoch wird es noch gemacht bzw. der hohe Preis wird in irgendeiner Filiale für einige Zeit ausgezeichnet, damit man ihn in den anderen Filialen als Streichpreis nutzen kann. Vergleichen Sie die Preise unbedingt, auch im Internet. Gerade wenn Sie eine Matratze ausgewählt haben, verlassen Sie den Laden und prüfen Sie, ob das Modell nicht irgendwo preiswerter angeboten wird. Einige Hersteller bieten ihre Matratzen überhaupt nicht mehr über den Matratzenhandel an, sondern verkaufen direkt an den Endkunden. Auch diese Matratzen erhalten regelmäßig gute Testergebnisse und sind bereits ab 200 EUR erhältlich.

VOM VORMIETER ÜBERNEHMEN: Wenn Sie umziehen, verhandeln Sie mit Ihrem Vormieter, was Sie übernehmen können. Einen Abschlag für Küche oder Waschmaschine zu zahlen ist auf jeden Fall günstiger als eine Neuanschaffung.

HANDWERKER: Ein gewissenhafter Handwerker, dem Sie vertrauen, ist Gold wert. Wenn Sie wissen, dass er/sie gut ist, geben Sie das Geld aus und sparen Sie sich den Ärger mit schlechten Handwerkern, die nicht kommen oder pfuschen.

SELBER MACHEN: Wenn Sie Arbeiten haben, die ein Laie ausführen kann, machen Sie diese selbst. Eignen Sie sich Handwerkerfähigkeiten an. Maschinen kann man in Baumärkten und im Bekanntenkreis ausleihen. Es gibt zahlreiche Kurse, in denen man lernen kann, Werkzeug richtig zu bedienen und bestimmte Reparaturen selbst durchzuführen. Das macht Spaß, es geht schnell und man spart Geld.

INFO Do it yourself (DIY): Mit etwas Geschick können Sie einfache Möbel selbst bauen, z. B. aus alten Europaletten. Gebrauchte Europaletten bekommen Sie für ca. 10 EUR pro Stück online oder bei Firmen vor Ort (Speditionen etc.). Ein Bett für die Studentenbude oder eine Sitzgelegenheit für den Balkon gibt es so für einen schmalen Taler.

✔ CHECKLISTE EINRICHTUNG

❏ nicht benötigte Dinge verkauft

❏ Flohmarkttermine recherchiert

❏ Heimwerkerkurs besucht

3.3 KLEIDUNG

Theoretisch können Sie sich jeden Tag neue Kleidung kaufen, weil große Billig-Ketten T-Shirts für 3 EUR verschleudern. Machen Sie sich jedoch klar, wie diese Preise zustande kommen. Jeans werden in Bangladesch produziert und dann nach Italien verschifft, um dort von chinesischen Arbeiterinnen und Arbeitern den Used-Look verpasst zu bekommen – wollen Sie wirklich so sparen? Leider kann man als Verbraucher die Produktionswege oft gar nicht genau nachvollziehen. Versuchen Sie, beim Einkauf auf nachhaltige Waren zurückzugreifen, die fair in Europa produziert wurden und Kinderarbeit ausschließen. So bekommen Sie Kleidung von guter Qualität, die lange hält. Das 3-EUR-T-Shirt würde dagegen nach kurzer Zeit in den Müll wandern.

TOP-TIPP Sie müssen nicht auf Markenkleidung verzichten! Wenn ein größerer Einkauf für Kleidung oder Schuhe ansteht, lohnt sich eventuell ein Ausflug ins Outlet-Center. Betreiber werben mit Rabatten bis zu 70 Prozent. Vergleichen Sie aber auf jeden Fall trotzdem mit den Preisen im Internet, in manchen Fällen ist der Schnäppchenpreis nur minimal günstiger als der beste Internetpreis. Prüfen Sie außerdem die Ware sorgfältig vor dem Kauf: Nicht alles stammt aus älteren Kollektionen, ein Teil der Markenkleidung wird extra für den Outlet-Verkauf produziert – mit Abstrichen bei der Qualität. Auch bei Fabrikverkäufen einzelner Hersteller lassen sich manchmal Schnäppchen machen. Fahren Sie aber nicht zu weit, die Zeit und die Fahrtkosten müssen theoretisch mit einkalkuliert werden.

RICHTIGE PFLEGE: Achten Sie auf die Waschanweisung in den Textilien. Kleidung muss in der Regel nicht heiß gewaschen werden und benötigt deutlich weniger Waschpulver als man denkt. Bei richtiger Pflege halten die Kleidungsstücke viele Jahre.

KLEIDUNG TAUSCHEN: Im Freundeskreis und über Internetplattformen wie www.vinted.de kann man hervorragend Kleider tauschen. Machen Sie es sich zur Gewohnheit, bei größeren Treffen im Familien- oder Freundeskreis eine Tauschbörse abzuhalten.

KLEIDUNG GEBRAUCHT VOR ORT KAUFEN: In Secondhandshops, auf Flohmärkten und in Sozialkaufhäusern können Sie die Kleidung direkt anprobieren und sehen, ob wirklich alles in Ordnung ist. Außerdem können Sie hier auch – und so helfen Sie anderen – eigene Stücke abgeben, damit diese im Kreislauf bleiben.

UPCYCLING: Wenn Sie nähen können, arbeiten Sie Kleidung um – zahlreiche Bücher und Internetseiten zeigen, wie man aus gebrauchten Stücken wieder etwas Neues machen kann. So erlernt man ein schönes Hobby, das Geld spart und individuelle Mode hervorbringt.

WENIGER IST MEHR: Legen Sie doch einfach mal die Sachen zur Seite, die Sie seit einem Jahr oder länger nicht getragen haben. Sie werden feststellen, dass Sie den Großteil nicht vermissen werden. Wenn Sie also deutlich weniger benötigen als Sie haben, kaufen Sie in Zukunft weniger. Wenn Sie eine Jacke wirklich überzeugt, darf sie auch etwas kosten. Dann kaufen Sie eben nur eine statt drei.

GUT KOMBINIEREN: Kaufen Sie Kleidungsstücke, die sich mit Ihrer Garderobe gut kombinieren lassen. Sonst müssen Sie zusätzlich zum neuen Kleid ein paar neue Schuhe kaufen.

PREISE VERGLEICHEN: Vergleichen Sie bei Markenkleidung unbedingt die Preise in den verschiedenen Läden. Was im einen Laden zum Normalpreis verkauft wird, kann im nächsten Laden schon reduziert sein. Eine unverbindliche Preisempfehlung (UVP) ist eben unverbindlich, die meisten Händler bieten die Ware günstiger an.

SCHLUSSVERKAUF: Nutzen Sie die Rabattzeiten zum Saisonende (Sommer- und Winterschlussverkauf). Seit 2004 ist der Einzelhandel zwar nicht mehr an feste Zeiten für den Rabattverkauf von Saisonware gebunden, doch die Lager müssen nach wie vor saisonbedingt geleert werden und Sie können das ein oder andere Schnäppchen machen.

„SALE": Achten Sie deshalb ganzjährig in Geschäften auf das „Sale"-Zeichen, um beim Einkauf zu sparen.

LOKAL EINKAUFEN: Es ist zwar deutlich bequemer, im Internet zu shoppen, günstiger ist es aber oft im Geschäft. Zudem kann man vor Ort anprobieren und spart sich Versandkosten. Einen Vergleich mit den Angeboten im Internet kann man dennoch durchführen. Sollte man bei einem Online-Anbieter etwas deutlich günstiger finden, kann man das im Geschäft anmerken, viele Läden bieten dann einen Rabatt an.

HANDELN: Es gehört nicht zu der Einkaufstradition der Deutschen, in Geschäften um Preise zu feilschen. Dennoch ist es möglich, da außer bei Büchern, Presseerzeugnissen und Apothekenprodukten keine Preisbindung existiert. Es gibt lediglich unverbindliche Preisempfehlungen (UVP) der Hersteller, die der Verkäufer auch unterbieten kann. Wer also mehrere Teile kauft – außerhalb von Rabattzeiten – kann nachfragen, ob es einen Mengenrabatt gibt. Mehr als eine freundliche Absage kann es nicht geben.

NEWSLETTER ABBESTELLEN: Wer regelmäßig im Internet einkauft, wird fast täglich Newsletter und Angebotsinformationen mit Reizworten wie „Rabatt" oder „Sonderaktion" in seinem E-Mail-Postfach finden. Irgendwie schaltet sich dabei unser Gehirn aus und wir klicken unwillkürlich den Link an, obwohl wir bis zum Erhalt des Newsletters gar nichts gebraucht haben. Mein Tipp: Alle Newsletter abbestellen.

SCHUHE: Werfen Sie Ihre Lieblingsschuhe nicht weg, nur weil die Sohle abgelaufen ist. Bringen Sie sie zum Schuster, wenn das Leder noch einwandfrei ist und die Schuhe bequem sind. Es lohnt sich, in gute Schuhe zu investieren, die bei guter Pflege lange neuwertig aussehen und im Endeffekt Geld sparen.

KLEIDUNG FLICKEN: In der Kriegs- und Nachkriegszeit wäre niemand auf die Idee gekommen, eine Socke mit Loch einfach wegzuschmeißen, Socken wurden gestopft. Pullover und Hosen wurden ebenfalls geflickt. Natürlich müssen Sie nicht in zerlumpter Kleidung herumlaufen, aber das Bewusstsein, etwas reparieren zu können, sollte vorhanden sein. Denken Sie darüber nach, schöne Stücke mit kleinen Defekten zum Schneider oder Kunststopfer zu bringen. Sparen Sie sich den Neukauf und erhalten Sie Ihre Lieblingsstücke, es lohnt sich.

✔ CHECKLISTE KLEIDUNG

❑ Schrank geordnet und Teile aussortiert, die nie getragen werden

❑ Kleidung auf Tausch- oder Verkaufsportalen angeboten

❑ Beim Einkauf Preise verglichen

❑ Festen Betrag für den Kauf eingeplant und als Bargeld mitgenommen, EC-Karte zu Hause gelassen

❑ Rabattzeiten wie Schlussverkäufe etc. beachtet

❑ Schuhe zum Schuster gebracht

❑ Newsletter abbestellt

3.4 ELEKTRONIK

Elektronische Geräte haben für viele einen enorm hohen Stellenwert, gerade bei jungen Menschen sind das angesagte Smartphone und der richtige Kopfhörer (am besten ohne Kabel) wichtige Statussymbole. Zu Hause ist man ausgestattet mit Musikanlage, Bluetooth-Lautsprecher, Computer, Laptop, Tablet, Fernseher, DVD-Player, Spielekonsole, Beamer und noch vielem mehr. Abgesehen davon, dass die Anschaffung viel Geld kostet, verbrauchen die Geräte auch Strom. Wie also kann man Kosten sparen, ohne auf den elektronischen Komfort zu verzichten?

TOP-TIPP
Sie möchten unbedingt ein Markengerät haben? Kaufen Sie Refurbished-Geräte statt Neuware. Refurbished-Artikel sind eine interessante Alternative zum Neugerät und zu klassischen gebrauchten Geräten. „Refurbished" bedeutet so viel wie „wiederaufbereitet". Wenn Sie bei einem professionellen Anbieter ein generalüberholtes Gerät kaufen, können Sie bis zu 50 Prozent sparen. Gerade bei den derzeitigen Lieferengpässen lohnt sich die Überlegung, Sie erhalten hochwertige Geräte und das auch noch mit Gewährleistung.

SMARTPHONE LANGE NUTZEN:

Unsere Smartphones sind wahre Alleskönner, man kann telefonieren, Kurznachrichten verschicken, im Internet surfen, navigieren, fotografieren, Videos erstellen und noch vieles mehr. Handys kosten aber Geld und viele Ressourcen. Wenn Ihr Handy funktioniert, müssen Sie nicht alle zwei Jahre ein neues kaufen, verlängern Sie hier den Rhythmus. Bei Handys aus der mittleren Preisklasse ist das meistens kein Problem, sofern das Betriebssystem die volle Updatefunktion über mehrere Jahre anbietet.

VORGÄNGERMODELLE: Wenn der Kauf eines neuen Smartphones ansteht, greifen Sie nicht zum aktuellsten Gerät, sondern zum günstigeren Vorgängermodell, die Funktionen sind meist nahezu identisch. Beispiel iPhone: Das iPhone 14 ist um einiges teurer als das Vorgängermodell, obwohl der gleiche Chip wie im 13er verbaut ist. Bei den normalen iPhones hat sich einfach nicht viel geändert, spannende technische Neuerungen werden nur in den Pro-Modellen verbaut. Auch bei anderen Marken sollte man sich die Leistungen der Vorgängermodelle genau anschauen, in manchen Fällen sind alte Topgeräte besser ausgestattet und dennoch günstiger. Sie können hier einige Hundert Euro sparen, wenn Sie nicht das neueste Gerät kaufen.

ENERGIELABEL: Achten Sie beim Kauf von Elektrogeräten immer auf das Energielabel (siehe Kapitel „Strom" S. 30). Je besser die Energieeffizienz, desto weniger Strom verbrauchen Sie.

AUSSCHALTBARE GERÄTE KAUFEN: Achten Sie darauf, dass die Geräte, die Sie neu anschaffen, sich ganz ausschalten lassen. Auch wenn der Verbrauch pro Gerät im Stand-by überschaubar ist, bei der Masse an Geräten, die man mittlerweile hat, summieren sich die Kosten. Ausschalten spart Geld!

DRUCKER: Wenn Sie einen Tintenstrahldrucker haben, lassen Sie sich leere Patronen von einem Refill-Anbieter neu befüllen oder kaufen Sie günstige Fremdpatronen.

ACHTEN SIE AUF QUALITÄT: Es ist natürlich attraktiv, einen Bluetooth-Lautsprecher mit 50.000 Megawatt, der neben dem Wohnzimmer auch gleich noch das Haus zwei Straßen weiter mit beschallen soll, für unter 10 EUR zu kaufen, aber hier „sparen" Sie am falschen Ende. Wenn Sie ein bestimmtes Elektrogerät benötigen, lassen Sie sich gut beraten. Denn wer billig kauft, kauft mehrmals, wer vernünftig kauft, bereut es nicht.

BLU-RAYS: Sie kaufen Filme lieber auf Blu-ray, statt zu streamen? Bevor Sie sich von einem Angebot im Laden oder im Internet zum Kauf bewegen lassen, prüfen Sie vorher, ob die Blu-ray (natürlich nur mit deutscher Tonspur) im Ausland eventuell günstiger verkauft wird, trotz Portokosten. Eine James-Bond-Box, die in Deutschland zum Sonderpreis von 99 EUR angeboten wurde, habe ich bei Amazon.co.uk für 52,71 Pfund kaufen können, inkl. Porto. Das waren umgerechnet knapp 40 EUR weniger.

HANDELN: Auch in den großen Elektrofachmärkten kann man oft handeln. Bieten Online-Händler bestimmte Geräte, insbesondere Großgeräte, deutlich preiswerter an, kann man im Geschäft darauf hinweisen, in vielen Fällen wird der Preis angepasst.

VERGLEICHEN SIE DIE ANGEBOTE: Wenn die großen Händler ihre Prospekte verschicken, senken auch die Online-Händler ihre Preise, das passiert meistens automatisch. Eventuell gibt es jedoch einen Fachhandel in der Region, der die gleichen Geräte ebenfalls günstiger anbietet, aber eben nicht überregional dafür wirbt. Hier kann man in manchen Fällen nicht nur ein paar Euro beim Einkauf sparen, sondern erhält die Ware zusätzlich kostenlos geliefert und vielleicht sogar direkt kostenlos angeschlossen. Weil es ein Fachhandel mit Fachpersonal ist.

INFO Nach neuesten Informationen wollen die meisten Menschen ihren Konsum einschränken, um auf die gestiegenen Lebenshaltungskosten reagieren zu können. Insbesondere Produkte, die einen längeren Zeitraum genutzt werden können, sollten deshalb seltener ausgetauscht werden, z. B. Elektronikartikel oder Uhren und Schmuck. Auch Möbel werden derzeit nicht so schnell ersetzt. Müssen Sie einen Ersatzkauf tätigen oder wollen Sie sich einen Wunsch erfüllen, planen Sie ausreichend Zeit für die Preisrecherche ein, um beim Kauf möglichst den günstigsten Preis erzielen zu können. Es lohnt sich!

BEI VERGLEICHBAREN GERÄTEN: Wenn Sie die Auswahl z. B. zwischen zwei gleich großen Fernsehern derselben Marke haben, wählen Sie ruhig den billigeren. Die angeblich gehobenere Ausstattung des teureren Modells rechtfertigt in der Regel nicht den doppelt so hohen Preis.

PREISE BEOBACHTEN: Wenn Sie keinen Termindruck haben, lohnt es sich, die Preise der Artikel, die Sie sich ausgesucht haben, ein paar Wochen zu beobachten. Bei

Fernsehern können z. B. schnell mal einige Hundert Euro eingespart werden. Gerade wenn Artikel ganz neu auf den Markt kommen, sind die Preise recht hoch. Schon nach einigen Wochen sinkt der Preis meistens um 10 Prozent.

FALLEN BEIM ONLINE-KAUF: Im Gegensatz zu normalen Geschäften, in denen die ausgezeichneten Preise für alle gültig sind, werden im Internet je nach Tageszeit und Endgerät unterschiedliche Preise angezeigt. Probieren Sie es aus: Schauen Sie sich bei den großen Online-Anbietern mit dem neuesten Apple- oder Samsung-Smartphone einen Artikel an, kostet er oft mehr, als wenn Sie mit einem alten Computer die Seite aufrufen. Selbst wenn Sie Sparseiten (z. B. www.idealo.de) aufrufen, finden Sie andere Preise als direkt auf der Homepage. Das Internet ist also nicht zwangsweise günstiger, und Online-Händler erkennen anhand von Betriebssystem und Hardware, ob Sie mehr zahlen können.

VORSICHT BEIM ONLINE-KAUF MIT KREDITKARTE: Viele Online-Shops bieten Ihnen die Möglichkeit, Ihre Kreditkartendaten zu hinterlegen. Mal abgesehen vom Sicherheitsaspekt, den jeder für sich selbst einschätzen muss: Wenn die Karte hin-

terlegt ist, gibt man das Geld auch unkontrolliert aus. Im Geschäft vor Ort bekommen Sie die Rechnung und sehen so genau, was Sie gerade ausgegeben haben. Ein weiterer Kauf wird dann zumindest genauer überlegt, was wahrscheinlich dazu führt, dass Sie ihn sich sparen. Im Internet sind es meistens nur ein paar Klicks.

NICHT AUF TRICKS HEREINFALLEN: Ein klassischer Verkaufstrick ist es, „Torschlusspanik" zu erzeugen. Es blinkt rot „Nur noch ein Stück auf Lager" neben dem begehrten Produkt? Fallen Sie nicht darauf rein, treffen Sie keine voreiligen Entscheidungen.

✓ CHECKLISTE ELEKTRONIK

❑ Gerätekauf: auf das Energielabel geachtet

❑ Gerätekauf: Gibt es echte Ausschalter oder nur die Stand-by-Funktion?

❑ Qualität gekauft – für die längere Haltbarkeit

❑ Im Geschäft gehandelt

❑ Aufbereitete Gebrauchtware und Vorgängermodelle in Betracht gezogen

❑ Online-Kauf nicht am Monatsende oder Monatsanfang (Angebote schlechter, Preise höher) getätigt

❑ Preisvergleichsseiten geprüft

3.5 HOBBY, FREIZEIT UND REISE

Ein erfüllendes Hobby, ein gemütlicher Abend im Restaurant, ein erholsamer Urlaub – diese Dinge machen unser Leben schöner. Auch hier wollen wir nicht verzichten, können uns aber fragen, ob wir alte Gewohnheiten verändern können: Sie haben ein Hobby und betreiben es exzessiv? Sind Sie zum Beispiel Angler und haben eine Garage voller Angelgeräte, dazu jedes Zubehör mehrfach? Oder betreiben Sie Kampfsport und haben drei Varianten eines Tiefschutzes, zehn Hosen und mehrere Paar Schuhe? Sie machen Yoga und haben fünfzehn Yogapants und mindestens fünf Matten? Denken Sie scharf nach: Sie sparen nicht nur Geld, wenn Sie weniger kaufen, Sie schaffen auch Platz zu Hause, wenn Sie etwas verkaufen. Auf Spaß und Erholung müssen Sie deshalb noch lange nicht verzichten!

TOP-TIPP Wer sich abends auf die Couch schmeißt und den Fernseher anschaltet, hat auch ein Hobby: Fernsehen. Das TV-Gerät verbraucht Strom, oft isst und trinkt man dabei ungesunde Dinge und bewegt sich nicht. Ganz besonders schlimm wird es beim Serien-Bingen, am Ende der ersten Staffel wiegt man gerne mal 2 Kilo mehr. Lesen Sie stattdessen ein spannendes Buch! Lesen ist Fernsehen im Kopf, Lesen bildet, Lesen erhöht die Konzentration, ganz nebenbei. Lesen lässt Sie später gut einschlafen, wer auf den Fernsehbildschirm oder das Display vor dem Schlafengehen schaut, leidet häufiger unter Schlafstörungen. Insofern erspart Ihnen ein Abend ohne Fernseher Energiekosten, Einschlafprobleme, Geld für Snacks etc. – das sollte doch schon Argument genug sein. Bücher gibt es umsonst in jeder Stadtbibliothek. Mein Tipp: Früher gab es autofreie Sonntage, machen Sie einfach mal fernsehfreie Wochenendtage.

HOBBY UND SPORT

MOTORRAD: Nutzen Sie Motorrad oder Roller nicht, um zum Briefkasten zu fahren, nur weil es Spaß macht oder gerade praktisch ist. Bestimmte Dinge kann man zu Fuß erledigen. Auch wenn es Ihr Hobby ist, Sie müssen das Motorrad nicht ständig im Alltag fahren.

E-BIKES: Wenn man auf gerader Strecke ist, kann man den Akku auch mal ausschalten. Das ist deutlich gesünder und spart Strom. Auch wenn Sie einen Zauberakku haben, mit dem man tatsächlich 100 Kilometer in der höchsten Unterstützung fahren kann – es ist immer noch ein Fahrrad, das man selbst bewegen kann.

E-BIKE-LADESTATIONEN: Prüfen Sie, ob auf Ihrer Strecke Einkehreinrichtungen mit Ladestationen für E-Biker sind. Manche Biergärten bieten hier einen kostenlosen Ladeservice an. Achten Sie dann aber darauf, dass ein übermäßiger Verzehr nicht die eingesparten Ladekosten auffrisst.

SPORTBEKLEIDUNG: Bevor Sie sich immer neue Sport-Shirts kaufen, überprüfen Sie einmal Ihren Kleiderschrank. Gibt es dort vielleicht T-Shirts, die Sie nicht mehr so oft anziehen, die aber als Sport-Shirts völlig ausreichend sind? Das ist auf jeden Fall billiger und nachhaltiger.

GOLF: Greenfees auf anderen Plätzen sind oft sehr teuer. Achten Sie auf Feierabend- oder Frühangebote. Das gesparte Geld können Sie später in eine Weinschorle oder ein isotonisches Sportgetränk investieren.

NEUES HOBBY: Nehmen Sie ein neues Hobby auf, steht der Kauf von Material schnell an erster Stelle. Hier neigt man dann dazu, falsch einzukaufen. Beginnen Sie also mit Ihrem Hobby, fragen Sie erst die Menschen, die es schon länger betreiben, welche Anschaffungen sich wirklich lohnen und was man tatsächlich benötigt. So vermeiden Sie Fehlkäufe und Frust wegen unnötiger Ausgaben.

KOSTEN KALKULIEREN: Erkundigen Sie sich bei einem neuen Hobby vorab, welche Folgekosten auftreten können (Wartung, Nachkäufe, Ersatzkäufe etc.). Beispiel Aquarium: Hier kauft man nicht nur das Aquarium, man hat monatliche Kosten für Pflege, Nahrung und natürlich auch Energie.

NICHT ALLES AUF EINMAL KAUFEN: Sollte Ihr Hobby umfassendes Equipment benötigen, bauen Sie es langsam auf. Nicht selten stellt man nach einigen Monaten fest, dass man doch nicht so viel Zeit aufwenden kann oder verliert die Lust an der Sache. Und dann hat man schon alles in der Wohnung ...

EQUIPMENT LEIHEN: In den meisten Fällen macht es Sinn, Equipment erst mal zu leihen oder gebraucht zu kaufen, um festzustellen, ob das Hobby tatsächlich so ist, wie man es sich vorgestellt hat.

SCHNUPPERN: Interessieren Sie sich für einen Sportverein oder ein Fitness-studio, nutzen Sie die Schnupperstunden, um sich einen Einblick zu verschaffen. Nur weil sich Fitness-Kickboxen gut an-hört, muss es nicht die richtige Wahl sein, eventuell passt doch Pilates besser. Bevor Sie einen Zweijahresvertrag abschlie-ßen, sollten Sie sich sicher sein.

WEITERVERKAUFEN: Sie können mit einem nicht mehr ausgeführten Hobby auch Geld verdienen: Verkaufen Sie Ihre Sachen, sofern diese noch nutzbar sind. Ihre alten Sportsocken sollten Sie besser nicht anbieten, aber Snowboard, Karate-Anzug oder Surfbrett finden garantiert einen Abnehmer.

FREIZEIT

ESSEN GEHEN: Die einen gehen in Restaurants, die feinste Küche anbieten, die anderen legen Wert darauf, möglichst große Portionen für ihr Geld zu bekommen. Gehören Sie zu dieser Kundschaft, überlegen Sie vorher, ob Sie wirklich so viel essen können. Auch wenn ein Riesenschnitzel mit einem Berg Pommes nur 8 EUR kostet, ist es Geldverschwendung, wenn man die Hälfte zurückgibt. Von der Lebensmittelver-schwendung ganz zu schweigen.

RESTE EINPACKEN: Lassen Sie sich die Reste des Riesenschnitzels einpacken. So haben Sie noch eine Mahlzeit für den nächsten Tag.

VORSPEISE IM RESTAURANT: Vermeiden Sie, völlig ausgehungert ins Restaurant zu gehen. So können Sie gut auf die Vorspeise verzichten, die meistens unverhältnis-mäßig teuer ist.

MITTAGSANGEBOT: Gehen Sie lieber mittags statt abends essen, viele Restaurants bieten günstige Mittagsmenüs an, Salat oder Nachtisch inklusive.

GETRÄNKE IM RESTAURANT: Es ist kein Geheimnis, dass Restaurants gerade an den Getränken verdienen. Bestellen Sie den günstigeren Hauswein statt einem teuren Markenprodukt, das im Zweifel nicht besser schmeckt. Zusätzlich tut es eine Karaffe Leitungswasser gegen den Durst.

TEE IM RESTAURANT: Wer nach dem Essen gerne einen Kaffee oder Tee trinkt, wird diese Getränke natürlich auf der Karte finden. Einen Tee im Restaurant zu trinken, ist in der Regel aber eine teure Angelegenheit: Für ein wenig gekochtes Wasser und einen Teebeutel fallen schnell 3–4 EUR an, dafür bekommt man im Geschäft schon eine ganze Packung.

DESSERT: Statt im Restaurant ein Dessert für 8 EUR zu bestellen, machen Sie doch nach dem Essen einen kleinen Spaziergang und kaufen Sie sich eine Kugel Eis in der nächsten Eisdiele für 1,50 EUR.

ZUSAMMEN KOCHEN: Bei einem Restaurantbesuch zahlt man üblicherweise pro Person ca. 25–50 EUR, inkl. „normaler" Getränke, kommt Wein hinzu, kommen noch 5–7 EUR pro Glas hinzu. Statt mit Freunden im Restaurant essen zu gehen, kann man sich auch gegenseitig bekochen oder gemeinsam kochen. So spart man Geld, lernt neue Rezepte kennen und hat Spaß in der Küche.

MUSEUMSBESUCHE: Einige Museen bieten an bestimmten Tagen Sondertarife oder sogar freien Eintritt an. Erkundigen Sie sich im Vorfeld, an welchen Tagen Sie Geld sparen können.

KINO: Auch hier gibt es Zeiten und Tage, die günstiger sind als die Abendvorstellung am Wochenende. Wer Geld sparen möchte, sieht sich Filme am besten unter der Woche oder nachmittags an und hat eventuell sogar ein etwas leereres Kino.

ANGEBOTE VERGLEICHEN: Im Urlaub sparen? Das will man nicht, oder? Gerade bei der Urlaubsbuchung kann man aber viel Geld sparen. Wenn Sie sich Ihre Reise individuell zusammenstellen, haben Sie die Möglichkeit, sich überall das Günstigste herauszusuchen: Hotel, Flug, Mietwagen etc. Vergleichen Sie im Internet und im Reisebüro die Angebote gründlich, der Preisunterschied beträgt teilweise mehrere Hundert Euro. Hier lohnt es sich, Zeit in die Recherche zu investieren.

FLUGREISE: Wenn Sie eine Flugreise individuell buchen möchten, nutzen Sie die Vergleichsportale im Internet, um die Preise und eventuelle Zusatzgebühren der Airlines zu prüfen. Achten Sie aber auch auf die Abflughäfen, teilweise sind Flüge an einem anderen Flughafen, der nicht allzu weit von Ihnen entfernt ist, deutlich günstiger als bei Ihrem „Heimatflughafen". Sie können so je nach Ziel zwischen 50 und 200 EUR sparen. Grundsätzlich sollte man auch alternative Abflugtage prüfen, da ein Wochentag vielleicht günstiger ist als der Samstag. Bei einer meiner Stichproben betrug der Unterschied vom Abflugtag Montag zu Samstag knapp 100 EUR.

PAUSCHALREISE: Wer eine Pauschalreise bucht, hat einen großen Vorteil: Man hat nur einen Vertragspartner für alle Leistungen, und der sitzt in der Regel in Deutschland. Gibt es Probleme, kann man nach deutschem Recht Ansprüche gegen den Anbieter geltend machen. Im Fall einer Insolvenz des Reiseanbieters sind im Voraus geleistete Zahlungen bei Pauschalreisen abgesichert, sodass Sie im Insolvenzfall das Geld zurückerhalten. Bei Streik oder in Krisensituationen haben Sie beim Pauschalanbieter zudem die Möglichkeit, umzubuchen. Pauschalreisen können in einigen Fällen auch günstiger sein, da die Reiseveranstalter Kontingente buchen. Häufig gibt es bei Pauschalreisen z. B. Frühbucherrabatte, die sich durchaus lohnen können.

URLAUB IN DEUTSCHLAND: Wer beim Reisen grundsätzlich Geld sparen möchte, sollte auf teure Fernreisen im Flugzeug verzichten und lieber Urlaub im eigenen Land buchen.

NEBENSAISON: Sie möchten sparen und haben keine schulpflichtigen Kinder? Verlegen Sie Ihren Urlaub in die Nebensaison, hier sparen Sie am meisten. Achten Sie aber auf das Angebot am Urlaubsort, in reinen Tourismusgebieten steht in der Nebensaison noch nicht das vollständige Angebot zur Verfügung.

HALB- UND VOLLPENSION: Überlegen Sie sich genau, welche Variante Sie brauchen. Gerade bei günstigen Angeboten muss sich der Preis auch für den Veranstalter rechnen, er spart also an mehreren Stellen. Es rentiert sich nicht, für Vollpension zu bezahlen, wenn Ihnen hinterher das Essen nicht schmeckt – man bezahlt ja immerhin auch das, was man nicht isst. Gerade in Ländern, in denen Restaurantbesuche immer noch verhältnismäßig günstig sind, lohnt es sich, auf Komplettversorgung zu verzichten und flexibel zu bleiben.

FERIENWOHNUNG: In vielen Fällen ist eine Ferienwohnung günstiger als ein Hotel, zudem kann man selbst kochen und spart damit die Kosten für das Restaurant. Essen gehen können Sie trotzdem, wenn Ihnen danach ist.

BAHNREISEN: Achten Sie auf Sonderangebote, insbesondere auch für Gruppenreisen. In manchen Fällen kann es günstiger sein, wenn jeder Reisende ein Ticket mit den jeweiligen Rabatten selbst kauft. Wenn Sie langfristig planen, recherchieren Sie rechtzeitig und sichern Sie sich 12 Wochen im Voraus ein Ticket zum „Super-Spar-Preis". Wer mit der Bahn in den Urlaub fährt (auch ins europäische Ausland!), erspart sich die Benzinkosten und eine nervige und anstrengende Autofahrt mit überfüllten Tankstellen.

SKIURLAUB: Sie gehören nicht zu den Glücklichen, die bereits im Skigebiet wohnen? Dann wissen Sie natürlich, wie viel Geld eine Woche Skiurlaub kosten kann. Wenn Sie auf keinen Fall verzichten wollen, überlegen Sie, ob Sie wirklich eine komplette Woche Skiurlaub benötigen. Schon ein Tag weniger macht sich bemerkbar.

SKIPASS: Ebenso sollten Sie auf die Skipassvarianten achten. Wenn Sie eigentlich nur zwei Stunden am Tag fahren, lohnt sich ein Wochenpass vielleicht gar nicht. Es gibt auch oft Angebote wie „5 Tage fahren innerhalb von 7 Tagen", so kann man auch mal einen Tag anders nutzen (spazieren gehen, Landschaft genießen ...).

SKIGEBIETE: Prüfen Sie, welche Skigebiete zu Ihrer finanziellen Situation passen. In vielen Orten in Deutschland und Österreich, die nicht so mondän klingen wie St. Moritz oder Kitzbühel, jedoch durchaus charmant und attraktiv sind, können Familien eher einen bezahlbaren Urlaub buchen als in den Trend- und Partyorten. Und sollten Sie keine schulpflichtigen Kinder haben, nutzen Sie auch hier die Nebensaison!

✔ CHECKLISTE HOBBY, REISE

- ❑ Bibliotheksausweis besorgt

- ❑ Hobbyequipment nach und nach gekauft

- ❑ E-Bike-Ladestationen recherchiert

- ❑ Restaurants mit Mittagsangebot recherchiert

- ❑ Bahntickets frühzeitig gekauft

- ❑ Urlaubsangebote gründlich verglichen

HALTBARKEIT VON LEBENSMITTELN

PRODUKT	LAGERUNG	HALTBARKEIT	NICHT MACHEN
Frisches Brot	In Tongefäßen, optimal Tongefäß mit Holzboden. Brot in Papier, angeschnittenes Brot auf die angeschnittene Seite stellen, bei Zimmertemperatur	Ca. 4 Tage, Roggenbrot bis zu 10 Tage	In Plastiktüten aufbewahren
Frische Milch	Im Kühlschrank	Ca. 2-4 Tage nach MHD noch genießbar, angebrochene Milch evtl. kürzer	Bei Zimmertemperatur stehen lassen
Obst	Im Kühlschrank*, sortenrein mit perforierter Folie abgedeckt	Frisches Obst hält ca. 3-10 Tage. Tritt Schimmel auf, unbedingt schnellstmöglich entfernen	Äpfel, Tomaten, Birnen, Nektarinen und Pflaumen offen neben anderen Obst- und Gemüsesorten lagern, denn sie verströmen Ethylen, das andere Obst- und Gemüsesorten schneller reifen lässt
Äpfel	Im Kühlschrank, separat und am besten in offener Pappverpackung	Ca. 6-10 Tage, manche Äpfel gekühlt durchaus länger	Neben anderen Obst- und Gemüsesorten lagern (siehe Obst)
Ananas, Zitrusfrüchte und Bananen	Kühl und dunkel lagern	Ca. 2 Wochen bei richtiger Lagerung	Im Kühlschrank aufbewahren
Gurken, Paprika, Zucchini, Tomaten	Nicht zu kühl lagern, jedoch ebenfalls dunkel. Optimal: um die 15 Grad**	Ca. 3-5 Tage, je nach Reifegrad	Im Kühlschrank aufbewahren** Avocados verströmen Ethylen (siehe Obst)
Kartoffeln	Kühl, trocken, dunkel lagern	In einem kühlen Keller einige Wochen Lagerung möglich	Im Kühlschrank aufbewahren, taghell
Nudeln	Trocken, geschlossen	Getrocknete Hartweizennudeln können deutlich länger als das MHD verwendet werden, ca. 1-3 Monate, in der Regel sind Nudeln ca. ein Jahr haltbar	Feuchtigkeit, geöffnet liegen lassen
Mehl	Trocken, etwas kühler, in geschlossenen Behältern	Ca. 2-3 Monate, einige Mehle sind nur wenige Wochen haltbar	In der geöffneten Papierverpackung lassen

PRODUKT	LAGERUNG	HALTBARKEIT	NICHT MACHEN
Reis	Trocken, in geschlossenem Gefäß	Ca. 1-2 Jahre, je nach Reissorte	Offen liegen lassen
Butter	Im Kühlschrank, geschlossenes Gefäß (Plastikverpackung, Porzellandose ...)	Teilweise bis zu 3 Wochen länger als MHD haltbar, auf den Geruch achten	Geöffnet zu warm liegen lassen
Marmelade/Konfitüre/Gelee	Im Kühlschrank, verschlossen	Ca. 8-12 Monate	Geöffnet, zu warm stehen lassen
Joghurt	Im Kühlschrank	Ca. 4-6 Tage über MHD haltbar, wenn verschlossen. Geöffnete Produkte möglichst zügig verzehren	Ungekühlt stehen lassen
Eier	Im Kühlschrank (oft eigene Fächer in der Türe)	Auf Verpackungsdatum achten, rohe Eier ca. 3-4 Wochen, hartgekochte Eier ca. 2 Wochen	Hartgekochte Eier abschrecken, denn dies verkürzt die Haltbarkeit
Frischer Fisch	Im Kühlschrank	1 Tag	Ungekühlt liegen lassen, zu lange lagern
Frisches Fleisch (am Stück)	Im Kühlschrank	Rind und Schwein ca. 3-4 Tage, in Vakuum verpackt auch 5-6 Tage	Zu warm, falsches Fach im Kühlschrank
Frisches Fleisch (zerkleinert)	Im Kühlschrank	Hackfleisch, zerkleinertes Fleisch, frische Bratwürste am gleichen Tag verzehren	Zu warm, länger als einen Tag lagern
Käse	Im Kühlschrank	Hartkäse oft mehr als 10 Tage, Frischkäse ca. 6 Tage	Falsches Fach im Kühlschrank, in Folie einwickeln
Cornflakes	Raumtemperatur, trocken, dunkel, luftdicht	Ca. 10-12 Monate, nach MHD noch ca. 4-8 Wochen	Offen stehen lassen, Feuchtigkeit
Haferflocken	Raumtemperatur, trocken, dunkel, luftdicht	Ca. 12 Monate, nach MHD noch ca. 4-8 Wochen	Offen stehen lassen, Feuchtigkeit

* *Obst, das im Kühlschrank gelagert werden kann: Äpfel, Trauben, Kirschen, Beerenobst, Pflaumen, Kiwis, Aprikosen, Pfirsiche, Rhabarber*

** *Gemüse, das im Kühlschrank gelagert werden kann: Radieschen, Rettich, Lauch, Salat, Spinat, Artischocken, Kohl, Pilze, Erbsen, Bohnen, frische Kräuter, Spargel, Sellerie, Karotten, Blumenkohl, Brokkoli*

ANHANG

NÜTZLICHE LINKS:

Ob Sie bei einem großen Internetversender oder einem Laden um die Ecke kaufen, müssen Sie selbst entscheiden. Sie sollten aber, wenn Sie einen günstigen Tarif oder ein günstiges Produkt gefunden haben, auf jeden Fall auch mit Ihrem städtischen Versorger oder mit einem Geschäft um die Ecke sprechen, eventuell gibt es dort nochmals günstigere Preise. Denn die Vergleichsseiten im Internet können nicht alle Preise abgleichen.

Bevor Sie sich eine App herunterladen: Prüfen Sie, welche Datenschutzeinstellungen gefordert werden. Ob Vergleichsseite oder -app, kostenlose Angebote wollen dennoch finanziert werden, meistens läuft das über Werbung oder über die Nutzung Ihrer Daten! Wie heißt es so schön? Wenn Sie nichts bezahlen müssen, sind Sie das Produkt.

Bitte beachten: Schauen Sie sich nicht nur die Angebote auf der ersten Seite an! Überprüfen Sie auch die Einstellungen Ihrer Suchmaschine (Billigstes zuerst, Neuestes zuerst ...) und „testen" Sie die Preise mehrmals am Tag, gerade die großen Online-Versender ändern bei bestimmten Produkten die Preise je nach Uhrzeit und Datum. Am Monatsende werden viele Produkte teurer, da dann die Gehälter ausgezahlt werden und die Kunden mehr kaufen können.

VERGLEICHSPORTALE:

- www.check24.de
- www.idealo.de
- www.guenstiger.de
- www.preis.de
- www.geizhals.de
- www.verivox.de

TANKEN:

- www.clever-tanken.de
- www.goingelectric.de (E-Autos)

ENERGIE:

- www.energiewechsel.de (Informationen über Heizsysteme, Energiesparen etc. vom Bund)

LEBENSMITTELKAUF:

- www.smhaggle.com (Lebensmittel-preise vergleichen und Einkaufs-zettel anlegen)
- www.codecheck.info (Hier kann man prüfen, welche Inhaltsstoffe in Konsumgütern enthalten sind)
- www.bzfe.de (Bundeszentrum für Ernährung)
- www.mindesthaltbarkeitsdatum.de
- www.verbraucherzentrale.de
- www.kaufda.de

SCHNÄPPCHENSEITEN UND -APPS:

- www.mytopdeals.net
- www.mydealz.de
- www.dealdoktor.de

MITFAHRGELEGENHEITEN:

- www.bessermitfahren.de
- www.mifaz.de
- www.mitfahren.de
- www.adac-mitfahrclub.de

GEBRAUCHTE KLEIDUNG:

- www.vinted.de
- www.momoxfashion.com
- www.sellpy.de

GEBRAUCHTE BÜCHER:

- www.zvab.com
- www.rebuy.de
- www.medimops.de

MEDIKAMENTE:

- www.medizinfuchs.de

DER BESONDERE SERVICE: Mit diesem Haushaltsbuch ist Sparen ganz einfach.

So nutzen Sie es: Feste Einnahmen und Ausgaben zu Beginn des Monats eintragen. In den Freifeldern Lebensmittel- oder Kleidungseinkäufe ergänzen. Am Ende des Monats alles addieren. Sie sehen dann sofort, ob Sie gut gehaushaltet haben. Zu viel für Vergnügen ausgegeben? Und Sie erkennen, ob Sie weiter sparen müssen. Den Monatsüberschuss sollten Sie auf dem Konto für besondere Anlässe bunkern (neuer Kühlschrank, eine besondere Reise usw.).

HAUSHALTSBUCH JANUAR

EINNAHMEN €		AUSGABEN €	
Lohn/Gehalt		Gas	
Kindergeld		Wasser	
Rente/Pension		Strom	
Sozialhilfe		Miete	
ALG		Telefon	
		Internet	
		Mobiltelefon	
		Mitgliedsbeiträge	
		Versicherungen	
GESAMT			

HAUSHALTSBUCH FEBRUAR

EINNAHMEN €		AUSGABEN €	
Lohn/Gehalt		Gas	
Kindergeld		Wasser	
Rente/Pension		Strom	
Sozialhilfe		Miete	
ALG		Telefon	
		Internet	
		Mobiltelefon	
		Mitgliedsbeiträge	
		Versicherungen	
GESAMT			

HAUSHALTSBUCH MÄRZ

EINNAHMEN €		AUSGABEN €	
Lohn/Gehalt		Gas	
Kindergeld		Wasser	
Rente/Pension		Strom	
Sozialhilfe		Miete	
ALG		Telefon	
		Internet	
		Mobiltelefon	
		Mitgliedsbeiträge	
		Versicherungen	
GESAMT			

HAUSHALTSBUCH APRIL

EINNAHMEN €		AUSGABEN €	
Lohn/Gehalt		Gas	
Kindergeld		Wasser	
Rente/Pension		Strom	
Sozialhilfe		Miete	
ALG		Telefon	
		Internet	
		Mobiltelefon	
		Mitgliedsbeiträge	
		Versicherungen	
GESAMT			

HAUSHALTSBUCH MAI

EINNAHMEN €		AUSGABEN €	
Lohn/Gehalt		Gas	
Kindergeld		Wasser	
Rente/Pension		Strom	
Sozialhilfe		Miete	
ALG		Telefon	
		Internet	
		Mobiltelefon	
		Mitgliedsbeiträge	
		Versicherungen	
GESAMT			

HAUSHALTSBUCH JUNI

EINNAHMEN €		AUSGABEN €	
Lohn/Gehalt		Gas	
Kindergeld		Wasser	
Rente/Pension		Strom	
Sozialhilfe		Miete	
ALG		Telefon	
		Internet	
		Mobiltelefon	
		Mitgliedsbeiträge	
		Versicherungen	
GESAMT			

HAUSHALTSBUCH JULI

EINNAHMEN €		AUSGABEN €	
Lohn/Gehalt		Gas	
Kindergeld		Wasser	
Rente/Pension		Strom	
Sozialhilfe		Miete	
ALG		Telefon	
		Internet	
		Mobiltelefon	
		Mitgliedsbeiträge	
		Versicherungen	
GESAMT			

HAUSHALTSBUCH AUGUST

EINNAHMEN €		AUSGABEN €	
Lohn/Gehalt		Gas	
Kindergeld		Wasser	
Rente/Pension		Strom	
Sozialhilfe		Miete	
ALG		Telefon	
		Internet	
		Mobiltelefon	
		Mitgliedsbeiträge	
		Versicherungen	
GESAMT			

HAUSHALTSBUCH SEPTEMBER

EINNAHMEN €		AUSGABEN €	
Lohn/Gehalt		Gas	
Kindergeld		Wasser	
Rente/Pension		Strom	
Sozialhilfe		Miete	
ALG		Telefon	
		Internet	
		Mobiltelefon	
		Mitgliedsbeiträge	
		Versicherungen	
GESAMT			

HAUSHALTSBUCH OKTOBER

EINNAHMEN €		AUSGABEN €	
Lohn/Gehalt		Gas	
Kindergeld		Wasser	
Rente/Pension		Strom	
Sozialhilfe		Miete	
ALG		Telefon	
		Internet	
		Mobiltelefon	
		Mitgliedsbeiträge	
		Versicherungen	
GESAMT			

HAUSHALTSBUCH NOVEMBER

EINNAHMEN €		AUSGABEN €	
Lohn/Gehalt		Gas	
Kindergeld		Wasser	
Rente/Pension		Strom	
Sozialhilfe		Miete	
ALG		Telefon	
		Internet	
		Mobiltelefon	
		Mitgliedsbeiträge	
		Versicherungen	
GESAMT			

HAUSHALTSBUCH DEZEMBER

EINNAHMEN €		AUSGABEN €	
Lohn/Gehalt		Gas	
Kindergeld		Wasser	
Rente/Pension		Strom	
Sozialhilfe		Miete	
ALG		Telefon	
		Internet	
		Mobiltelefon	
		Mitgliedsbeiträge	
		Versicherungen	
GESAMT			

Weitere Empfehlungen für Sie